Arno Giovar
Ernesto Martír
María Rodríguez ~~~~~~
Terencio Simón Blanco

Introducción por Álvaro García Santa-Cecilia

Profesor en acción 1

El proceso de aprendizaje

edelsa
GRUPO DIDASCALIA, S.A.
Plaza Ciudad de Salta, 3 - 28043 MADRID - (ESPAÑA)
TEL.: (34) 914.165.511 - FAX: (34) 914.165.411

Autores:
Arno Giovannini, Dirección Académica, Escuelas-Club Migros, Zürich, Suiza
Ernesto Martín Peris, Universidad Pompeu Fabra, Barcelona
María Rodríguez Castilla, Escuela Oficial de Idiomas, Alicante
Terencio Simón Blanco, Escuela Oficial de Idiomas, Barcelona

Introducción:

Álvaro García Santa-Cecilia, Jefe del Departamento de Ordenación Docente, Instituto Cervantes, Madrid

Dirección del proyecto:

Arno Giovannini, Dirección Académica, Escuelas-Club Migros, Zürich, Suiza

Coordinación de redacción:

Carla Tognola, Escuelas-Club Migros, Zürich, Suiza

Dirección y coordinación editorial:

Pilar Jiménez Gazapo

Adjunta a dirección/coordinación editorial:

Ana Calle Fernández

Ilustraciones:

Javier Alonso Aceytuno, Barcelona

Diseño de cubierta y maquetación:

Departamento de Imagen Edelsa Grupo Didascalia, S. A.

Director del departamento de Imagen y Producción:

Rafael García-Gil

© **Federación de las Cooperativas Migros**
   Dirección central de las Escuelas-Club
   Zürich, 1996
© **Edelsa Grupo Didascalia, S. A.**
   Madrid, 1996

ISBN de este tomo: 84-7711-162-6
ISBN de la obra completa: 84-7711-136-7
Depósito Legal: M-25293-2000
Fotocomposición: CRISOL, S.L.
Impresión: Rógar, S.A

Primera edición: 1996
Primera reimpresión: 1999
Segunda reimpresión: 2000

Impreso en España
Printed in Spain

¡Pongámonos en acción!

No hay uno solo, sino varios caminos de aprendizaje que pueden ser igualmente correctos.

¿Por qué y para qué *Profesor en acción?*

Profesor en acción se dirige a usted, profesor/a de Español como Lengua Extranjera (E.L.E.), director/a de estudio o persona interesada en la labor docente.

Ser un "buen" profesor o una "buena" profesora no se logra a través de un método, sino que es el resultado de un proceso de reflexión sobre la propia enseñanza. Por el hecho de que una metodología ideal no existe, queremos dar en ***Profesor en acción*** instrumentos adecuados a fin de que el profesor/a esté en condiciones de adaptar su enseñanza a las necesidades de cada situación del aula.

¿Qué es *Profesor en acción?*

Profesor en acción no se entiende como un híbrido que recopila las diversas corrientes teóricas. Pretende recoger y sintetizar las aportaciones válidas y dar un paso adelante, y ante todo plasmar la teoría en actividades prácticas. El desafío consiste en la conjunción de teoría y práctica: la teoría es inútil si no conduce a la práctica, pero del mismo modo, la práctica es fortuita y está desorientada si no puede ir sistemáticamente relacionada con una posición teórica.

Desde este punto de vista, ***Profesor en acción*** quiere marcar un hito en el desarrollo de la didáctica del Español como Lengua Extranjera (E.L.E.).

¿Cómo es *Profesor en acción?*

Profesor en acción se plasma en tres tomos, cada tomo con un enfoque particular. El tomo 1 brindará la reflexión teórica de los fundamentos de aprendizaje (Capítulo I, ***Autonomía y competencia comunicativa***), y el marco de la actuación del profesor en clase (Capítulo II, ***El aula de E.L.E.***, y Capítulo III, ***Programar actividades***). Se destaca también por el Capítulo IV, ***La enseñanza comunicativa mediante tareas***, que propondrá un modelo nuevo e integral de enseñanza.

El tomo 1 de ***Profesor en acción*** es, por lo tanto, el tomo de base y le ayudará a entender mejor los tomos 2 y 3. Éstos versarán sobre las diferentes áreas de trabajo de clase: ***Gramática, Vocabulario, Fonética, Sociocultura, y sobre las cuatro destrezas: Comprensión auditiva, Comprensión lectora, Expresión oral y Expresión escrita***.

Prólogo

Todos los capítulos de los tres tomos son **independientes** y **monográficos**, con referencias cruzadas entre los diferentes capítulos o entre los tres tomos.

Cada capítulo del manual se estructura de una forma parecida a esta introducción. El desarrollo de las áreas temáticas sigue, por lo general, la configuración **I-D-E-A-L**:

- **I**dentificación: ¿Por qué este tema?
- **D**efinición: ¿Qué es?
- **E**xplotación: ¿Cómo es...?
- **A**ctuación: Ejemplos-muestra, guías.
- **E**valuación (en inglés *Look*, de ahí la **L**): Tareas para el lector del libro.

El símbolo ✐ le invitará a parar en la lectura y reflexionar sobre lo que sabe y lo que hace.

¿Trabajar con Profesor en acción?

Al final de cada tomo hay un **índice** que orienta sobre los capítulos que contiene y añade los títulos de los capítulos de los otros dos tomos. Además, en el tomo 1 usted encontrará un *Anexo* con cuestionarios de autoevaluación y un glosario con explicaciones sobre algunos términos conceptuales. Como los distintos capítulos son independientes, puede empezar a leer en cualquier tomo y en cualquier capítulo, según sus intereses personales. Sin embargo, recomendamos leer primero el tomo 1 por su carácter teórico de base anteriormente mencionado.

Cada capítulo de *Profesor en acción* empieza con un cuestionario. Puede resultar interesante para usted si antes de leer responde a las preguntas. A ver lo que opina antes y después de la lectura...

¡Póngase en contacto con nosotros!

Queremos conocerle. Su opinión sobre *Profesor en acción* nos interesa y nos ayudaría a concebir el próximo manual sobre el tema que tenemos en común, la Enseñanza del Español como Lengua Extranjera (E.L.E.).

Referencia de contacto:

1. Editorial Edelsa Grupo Didascalia, S.A.,
   Plaza Ciudad de Salta, 3, 28043 Madrid, España.

2. Dirección central de las Escuelas-Club Migros. Apartado 266,
   CH-8031 Zürich, Suiza.
   Internet: http://www.linguapool.ch/ele/

LA ENSEÑANZA DEL ESPAÑOL EN EL SIGLO XXI

Álvaro García Santa-Cecilia
Instituto Cervantes, Madrid

Ha avanzado tan deprisa este final de siglo que apenas hemos tenido ocasión de advertir que, rebasada la meta, nos hallamos introducidos ya en un milenio nuevo, en un mundo nuevo, en un *orden* nuevo. Esto es, desde luego, así, si damos la razón a Eric Hobsbawn y su planteamiento de un "siglo XX corto", cuyo ciclo histórico se prolonga desde 1914 a 1991, y que terminó, en palabras del ilustre historiador, "con problemas para los cuales nadie tenía, ni pretendía tener, una solución" (Hobsbawn, 1995). En los últimos años, los analistas de asuntos internacionales han recurrido a conceptos como el de la globalización o la mundialización de la economía o de la política para expresar un fenómeno que parece orientar el tránsito hacia un siglo que comienza con la revisión de las claves políticas, económicas e incluso tecnológicas que han ido conformando nuestro mundo desde la II Guerra Mundial.

Desde hace sólo algunas pocas décadas, la revolución en el mundo de las comunicaciones ha reducido de forma asombrosa las distancias físicas, lo que no siempre ha revertido en una mayor proximidad entre los pueblos. Como vamos sabiendo en Europa, la comprensión de realidades distintas a las propias no puede reducirse a acuerdos de ajuste económico. Entender el mundo de los otros es la vía más directa hacia la tolerancia y el respeto mutuo, aspectos que han comenzado a peligrar en este fin de siglo. En este sentido, el conocimiento de lenguas extranjeras, como forma de acceso a la realidad de los demás, seguirá desempeñando un papel decisivo en los próximos años.

Para hacer pronósticos sobre el futuro, aunque sea en el reducido ámbito de la enseñanza de lenguas, es siempre útil esforzarse en comprender las razones del pasado. Presentaré en primer lugar un breve repaso de las claves principales de la evolución de la enseñanza de las lenguas extranjeras en las últimas décadas, y, sobre esta base, apuntaré algunas reflexiones sobre las rutas y los retos de la enseñanza del español en el siglo XXI.

CLAVES EN LA ENSEÑANZA DE LAS LENGUAS EXTRANJERAS: DEL MÉTODO AUDIO-ORAL AL ENFOQUE COMUNICATIVO

La enseñanza de lenguas extranjeras, entendida como especialidad científica con objetivos e instrumentos propios, se constituye fundamentalmente a partir de la II Guerra Mundial, si bien con importantes precedentes en las últimas décadas del siglo XIX y las primeras del XX. A lo largo de buena parte del siglo XIX, la influencia del modelo de enseñanza del latín se extiende a las lenguas modernas a través de lo que se conoce como *método de gramática-*

traducción, en el que se privilegia la aplicación de reglas para la traducción de una lengua a otra, con el aprendizaje de palabras como elementos aislados y con claro predominio de la lengua escrita sobre la oral. A finales de siglo, sin embargo, un grupo de ilustres fonetistas europeos constituye el denominado *Movimiento de Reforma*, con un interés claro de modernización de la enseñanza de las lenguas extranjeras a partir de los tres siguientes principios: primacía de la lengua hablada, frente al tradicional predominio de los textos escritos; uso de textos contextualizados como eje del proceso de enseñanza y aprendizaje; y prioridad de la metodología centrada en la práctica oral (White, 1988). La aportación de los reformistas constituye un verdadero aldabonazo en todo lo relacionado con la enseñanza de lenguas modernas, y establece un precedente de influencia decisiva en la orientación dada a esta especialidad dentro del ámbito europeo en las siguientes décadas. No obstante, y a pesar de la repercusión internacional de este movimiento, la enseñanza de las lenguas extranjeras en España permaneció en gran medida ajena a su influencia en un primer momento, y no hay constancia de que existiera una recepción de los principios reformistas equivalente a la que se produjo en otros países de nuestro entorno (Sánchez, 1992).

Con todo, a lo largo del siglo XIX había ido llegando a España la influencia de los primeros *métodos*, entendidos como manuales dirigidos a la enseñanza y elaborados a partir de un principio organizador, más allá de las gramáticas prescriptivas. Junto a los métodos de corte gramatical, la corriente constituida por los denominados *métodos naturales* había ido introduciéndose poco a poco en círculos especializados, como respuesta al afán por aplicar a la enseñanza de las lenguas extranjeras los principios descritos con respecto a la adquisición de la lengua materna. Así, el denominado *método directo*, el de mayor éxito en la corriente de los enfoques naturales, se va abriendo paso en la enseñanza de las lenguas extranjeras en España y logra prolongar su influencia a lo largo de la primera mitad del siglo XX (Sánchez, 1992).

A partir de la II Guerra Mundial, la enseñanza de las lenguas extranjeras entra en un período de extraordinario dinamismo, potenciado en el mundo occidental por el desarrollo de las comunicaciones, los espectaculares avances tecnológicos y el equilibrio de las relaciones internacionales, que hace posible disfrutar de un prolongado período de paz y prosperidad material. En los países avanzados, el aumento de los índices de escolarización coincide con la mejora de la calidad de la enseñanza, lo que permite ampliar los niveles de educación general, con una mayor presencia de las lenguas extranjeras en el currículo escolar. Las nuevas generaciones viajan más al extranjero y se incorporan con naturalidad a un mundo con menos barreras lingüísticas y culturales. En los años 50 y 60 se empiezan a producir cambios muy significativos en la enseñanza de las lenguas extranjeras, como consecuencia de los avances de las ciencias lingüísticas y el creciente interés del público por alcanzar objetivos de desarrollo personal y profesional que responden a las exigencias de un mundo más abierto y competitivo. Es, sin embargo, a partir de los años 70 cuando se comienzan a aplicar de forma sistemática en el campo de la enseñanza de las lenguas extranjeras procedimientos pedagógicos coherentes con los nuevos enfoques lingüísticos centrados en el análisis de las necesidades comunicativas de los hablantes.

Puede decirse que en los años 70 se produce la confluencia de intereses de dos corrientes pedagógicas que se habían venido desarrollando desde los años 50 en dos ámbitos geográficos diferenciados: Estados Unidos, por una parte, y el ámbito europeo, bajo la influencia de la escuela británica, por otra.

Estados Unidos

El enfoque de enseñanza de lenguas extranjeras predominante a lo largo de los años 50 en Estados Unidos es el denominado *método audio-oral*, también conocido como *audiolingualismo*, derivado de los principios de la lingüística estructural, desarrollados por L. Bloomfield en sus estudios sobre el lenguaje, y de la aplicación de los métodos propuestos por la teoría conductista en el campo de la psicología del aprendizaje. Este enfoque responde a un interés por la forma más que por el uso de la lengua y se orienta hacia el desarrollo de hábitos lingüísticos. La labor del profesor se limita en gran medida a la aplicación pasiva y mecánica del modelo prescrito por el método: introducción del nuevo material lingüístico, con explicaciones gramaticales cuando sea necesario, y control de la práctica oral de los alumnos mediante un procedimiento de imitación y repetición (White, 1988). El aprendizaje de lenguas extranjeras se concibe como un proceso de formación de hábitos similar al que se desarrolla al aprender a tocar un instrumento musical, frente a lo que ocurre en el aprendizaje de otras asignaturas del currículo escolar, que implica el uso de capacidades que dependen del esfuerzo intelectual consciente, como los procesos de análisis, de síntesis, de resolución de problemas, de lectura, etc. (Lado y Blansitt, 1967). La práctica oral se plantea como una tarea mecánica y relativamente pasiva, lo que se ve acompañado de un desinterés por los problemas relacionados con el significado. Este planteamiento conduce a un enfoque de la labor del profesor de lengua extranjera como algo claramente separado del resto del currículo, con objetivos y procedimientos propios (Yalden, 1987).

A principios de los años 60, la ciencia lingüística asiste a lo que se ha considerado un cambio de paradigma, como consecuencia de la publicación de los trabajos de N. Chomsky *Syntactic Structures* (1957) y *Aspects of the Theory of Syntax* (1965). En estos trabajos se sientan las bases de la lingüística generativa-transformacional: a partir del concepto de *competencia lingüística*, entendida como el conocimiento inconsciente de un hablante-oyente ideal en una comunidad hablante completamente homogénea, se asigna al lingüista la tarea de describir las reglas que constituyen tal competencia, como algo diferenciado de la *actuación*, esto es, el uso de la lengua en situaciones concretas. Este planteamiento supone un giro copernicano con respecto a los procedimientos del análisis estructural, centrados en la descripción y clasificación de las estructuras de la lengua.

La primera respuesta al nuevo enfoque de Chomsky se produce con la formulación del concepto de *competencia comunicativa*, de D. Hymes, quien parte de la base de que existen reglas de uso sin las cuales las reglas de la gramática son inútiles (Hymes, 1972), y pone énfasis en la importancia de abordar los problemas prácticos que se producen en una comunidad hablante heterogénea, en la que los aspectos socioculturales desempeñan un papel fundamental. La labor del lingüista, según este planteamiento, no puede ignorar los problemas relacionados con el uso y con los usuarios de la lengua. El desarrollo del concepto de competencia comunicativa coincide en el tiempo con la teoría de los actos de habla de Austin y Searle y con los primeros trabajos sobre análisis del discurso de Sinclair y Coulthard, que plantean distintas perspectivas de la dimensión del uso social de la lengua. En el campo de la enseñanza de las lenguas extranjeras comienzan a producirse también importantes cambios, derivados de los nuevos planteamientos de las ciencias lingüísticas y de la insatisfacción producida por la rigidez de los métodos conductistas. Este cambio de actitud se consolidará en la década de los 70, con un renovado interés por los problemas relacionados con el proceso de aprendizaje, un mayor énfasis en el significado y una mayor flexibilidad en el uso de los materiales de enseñanza (Yalden, 1987; White, 1988).

Europa

Aunque algunos de los principios que fundamentan los métodos de la tradición pedagógica estadounidense a lo largo de los años 50 y 60 forman parte también de las propuestas que habían desarrollado en Europa los *reformistas* y sus continuadores, la enseñanza de lenguas extranjeras en este continente evoluciona a partir de la II Guerra Mundial bajo la influencia de las ideas de J.R. Firth y de la escuela lingüística británica, interesada de modo particular por el estudio de la relación entre la lengua y el contexto. Así, frente a la importancia que se concede en la tradición norteamericana a la creación de hábitos lingüísticos, el interés de la escuela británica se centra en los enfoques llamados *situacionales*, en los que los programas de enseñanza de lenguas extranjeras son el resultado de la aplicación de un modelo social del uso de la lengua. Según el planteamiento de estos enfoques, las estructuras o los elementos léxicos debían ser presentados en clase antes de trabajar con el texto, y la presentación debía relacionarse con situaciones de la clase que permitieran fijar el significado del nuevo elemento introducido. Hay que tener en cuenta que, a pesar de su nombre, los enfoques situacionales no explotan todavía el uso de la lengua en las situaciones de la vida cotidiana que se producen fuera del aula. En estos años, los cursos de enseñanza de idiomas combinan rasgos del método situacional y técnicas audiovisuales con actividades de práctica controlada que presentan en muchos casos similitudes con las empleadas por el *audiolingualismo* (White, 1988).

Será a lo largo de los años 70 cuando se produzca un importante cambio de perspectiva en todo lo relacionado con la enseñanza de las lenguas extranjeras en Europa, con un mayor énfasis en el estudio del significado y con una preocupación por el análisis de las necesidades de los hablantes en situaciones cotidianas de comunicación. A principios de esta década, el Consejo de Europa inicia una serie de trabajos en torno a la descripción de un *Threshold Level* o *T-Level* (*nivel umbral*, en español), que constituiría el eje de un sistema de enseñanza válido para las diferentes lenguas europeas, y que tomaría como punto de partida el análisis de las necesidades individuales de los alumnos en situaciones reales de comunicación. Los cursos de lengua serían desarrollados a partir de actividades de aprendizaje organizadas en función de porciones o unidades, cada una de las cuales correspondería a un componente de las necesidades del alumno y se relacionaría sistemáticamente con las demás unidades. Los trabajos de los expertos del Consejo de Europa tomaron como base la definición de funciones lingüísticas que había realizado el lingüista británico D.A. Wilkins a partir del análisis de los sistemas de significados que subyacen en los usos comunicativos de la lengua. Sobre la base de este nuevo enfoque, los programas de lengua abandonan el criterio tradicional de selección y gradación de estructuras gramaticales y comienzan a elaborarse a partir de la descripción de categorías nocionales (conceptos como *tiempo, cantidad*, etc.), y categorías de función comunicativa (*pedir y dar información, agradecer*, etc.). Los programas *nocional-funcionales* constituyen el primer paso de una corriente pedagógica en el campo de la enseñanza de lenguas extranjeras que se conoce como *enfoque co-*

municativo o *enseñanza comunicativa de la lengua*. Aunque este enfoque no se sustenta en una autoridad individual o en un modelo concreto, responde al objetivo principal de desarrollar procedimientos de enseñanza que reconozcan la interdependencia de la lengua y la comunicación, lo que sitúa el concepto de competencia comunicativa en el eje de las decisiones que han de adoptarse al elaborar programas y materiales de enseñanza (Richards y Rodgers, 1986).

Lengua y comunicación: una nueva perspectiva

Como acabamos de ver, tanto la tradición estadounidense como la europea asisten en los años 70 a una profunda revisión de los principios que habían fundamentado la enseñanza de lenguas extranjeras desde el final de la II Guerra Mundial. Desde esa década hasta nuestros días, las aportaciones teóricas provenientes de diferentes ámbitos científicos relacionados con la lengua y su aprendizaje han permitido fundamentar proyectos de investigación y experimentación didáctica que responden a una visión más amplia y compleja de los mecanismos de adquisición y uso de una lengua extranjera. Junto a los avances en la teoría de la gramática, han sido decisivas las investigaciones en el terreno de la sociolingüística, desarrollada sobre todo en Estados Unidos, y de la psicolingüística. A estas nuevas perspectivas de la lingüística hay que añadir las aportaciones de la teoría del aprendizaje, y en particular los estudios sobre la adquisición de segundas lenguas, que aunque reciben un primer impulso con la irrupción del generativismo sólo recientemente han comenzado a aplicarse de forma sistemática en la descripción de los procesos naturales de aprendizaje.

En los años 80 comienzan a aplicarse a la enseñanza de las lenguas extranjeras algunos de los planteamientos de la teoría de la educación. Como hemos visto, las primeras propuestas comunicativas habían centrado su interés en la búsqueda de un principio de organización de los contenidos que respondiera de forma más adecuada que los tradicionales programas gramaticales a los nuevos planteamientos derivados de la dimensión comunicativa de la lengua. El nociofuncionalismo busca una nueva organización de los programas, coherente con el análisis de las necesidades comunicativas de los alumnos, pero no desarrolla una metodología capaz de potenciar los procesos psicolingüísticos que se ponen en juego durante la comunicación. A lo largo de los años 80 va cobrando cada vez más fuerza la convicción de que la planificación de los objetivos y los contenidos de la enseñanza debe realizarse en coherencia con las decisiones sobre metodología y evaluación, desde una visión amplia y comprehensiva del proceso de enseñanza y aprendizaje. Los planteamientos de la teoría de la educación con respecto al currículo, entendido como nexo de unión entre la teoría y la práctica de la enseñanza, se van abriendo camino en los estudios relacionados con la enseñanza de las lenguas extranjeras. Frente al tradicional planteamiento del *método*, en el que las decisiones son adoptadas antes y al margen de la intervención de los protagonistas del proceso de enseñanza y aprendizaje, el currículo se basa en la resolución de los problemas que se suscitan en la práctica de clase, e involucra a los profesores y a los alumnos en la toma de decisiones.

En definitiva, la aplicación de los nuevos enfoques teóricos que se interesan por el análisis de la lengua desde la perspectiva de la comunicación, así como las aportaciones de la teoría del aprendizaje y la teoría de la educación, han convulsionado el mundo de la enseñanza de las lenguas extranjeras en las dos últimas décadas. Tras un primer periodo de extraordinario dinamismo, caracterizado por el fervor ideológico de las primeras propuestas comunicativistas, se ha iniciado en años recientes una etapa de integración y realismo, en la que se han sometido a revisión algunos planteamientos iniciales sobre la base de los datos que ha ido proporcionando la experiencia. Así, la nueva orientación de los cursos de lengua y de los manuales de enseñanza se corresponde con un cambio en la práctica docente que obedece a una serie de tendencias, de entre las que cabe destacar las siguientes:

- uso de la lengua con fines comunicativos;

- énfasis en los procesos naturales de aprendizaje;

- valoración de las variables individuales en el proceso de enseñanza y aprendizaje;

- enseñanza centrada en el alumno;

- importancia de la relación entre la lengua y el contexto sociocultural;

- desarrollo de la autonomía del alumno.

El análisis de los distintos aspectos que configuran cada una de estas tendencias permitirá entender las claves de la evolución de la enseñanza de las lenguas extranjeras en los últimos años. A partir de estas claves puede realizarse un primer pronóstico de las preocupaciones que, presumiblemente, orientarán la labor de los investigadores y de los profesores en el futuro más inmediato.

Uso de la lengua con fines comunicativos

El interés por el estudio de la lengua en su contexto social ha orientado la labor de los investigadores hacia la descripción de los rasgos que caracterizan la comunicación lingüística. Este tipo de comunicación es, básicamente, una forma de interacción social que se desarrolla en contextos que imponen ciertas condiciones al uso de la lengua y proporcionan al mismo tiempo claves que permiten interpretar correctamente los enunciados. La comunicación lingüística responde siempre a una intención del hablante, transcurre bajo ciertas limitaciones de carácter psicológico, y está sometida a circunstancias como el cansancio o las distracciones (Canale, 1983). Desde la perspectiva de la enseñanza de las lenguas extranjeras, dos aspectos de la dimensión comunicativa de la lengua merecen especial atención: la definición del concepto de competencia comunicativa, y el énfasis en el significado.

Competencia comunicativa

La ampliación del enfoque del concepto de competencia comunicativa acuñado por Hymes se orientó en los años 80 hacia la descripción de un esquema conceptual que permitiera representar la relación entre los diferentes factores que intervienen en la comunicación. El más conocido de estos esquemas es el propuesto por Canale y Swain (1980), posteriormente ampliado por Canale (1983), que enfoca la competencia comunicativa desde la perspectiva de los siguientes componentes: *competencia gramatical* (dominio del código lingüístico); *competencia sociolingüística* (adecuación de los enunciados tanto al significado como a la forma); *competencia discursiva* (capacidad para combinar las estructuras y los significados en el desarrollo de un texto oral o escrito); *competencia estratégica* (dominio de estrategias comunicativas de carácter verbal y no verbal utilizadas para compensar las deficiencias en la comunicación y para hacer la comunicación más eficaz). Otros autores han desarrollado esquemas que responden a enfoques diferentes, si bien conviene señalar que en la gran mayoría de las propuestas se destaca la función de la competencia estratégica como cualitativamente diferente a las demás, en la medida en que constituye un proceso subordinado que permite controlar el desenvolvimiento fluido de la comunicación. La práctica en clase de interacciones que requieran el uso de estrategias de comunicación es uno de los aspectos pedagógicos que más interés ha suscitado en la enseñanza comunicativa de la lengua. Por lo que respecta a la competencia gramatical, hay debate sobre si constituye o no un componente de la competencia comunicativa. Para algunos autores, la competencia gramatical no forma parte de la competencia comunicativa y se ha puesto en duda la eficacia de la enseñanza de la gramática en clase como medio para desarrollar la competencia lingüística. Otros autores parten de la base de que la competencia gramatical es un constituyente necesario de la competencia comunicativa, y defienden la enseñanza explícita de la gramática. Las repercusiones de este debate teórico han afectado directamente a los programas de enseñanza, los materiales didácticos y la propia práctica docente, si bien en los últimos años se advierte una tendencia a enfocar la enseñanza de la gramática como un ingrediente más en el desarrollo de tareas de carácter comunicativo.

Negociación del significado

Comunicarse no es sólo conocer las normas y convenciones que rigen la comunicación, sino que incluye también la capacidad del hablante para ser creativo con esas normas y convenciones, e, incluso, para adaptarlas y modificarlas durante la comunicación (Canale y Swain, 1980). En la comunicación cotidiana solemos centrar la atención en el significado de lo que decimos u oímos, más que en la forma de los enunciados. Hay, sin embargo, situaciones en las que prestamos una especial atención a la forma, para precisar lo que queremos decir o para interpretar correctamente lo que oímos. Es claro que cuando aprendemos una lengua extranjera desconocemos muchas palabras o construcciones gramaticales que son necesarias para construir o interpretar significados, lo cual hace pasar a un primer plano la preocupación por la forma, pero no como algo desligado del significado, sino como el instrumento que nos permite alcanzar el objetivo de comunicación que nos hemos propuesto. En el campo de la enseñanza de las lenguas extranjeras, los planteamientos conductistas dirigidos a la creación de hábitos lingüísticos mediante el refuerzo y la repetición de las formas gramaticales han cedido el paso a los enfoques que buscan ampliar el abanico de situaciones en las que el alumno pueda comunicarse en función de los significados que quiere expresar, sin ser obstaculizado por la atención a la forma (Littlewood, 1981). Esto no quiere decir necesariamente que se destierran de la clase las actividades de práctica formal, sino que este tipo de actividades se realiza en función de objetivos últimos de carácter comunicativo. Se trata, en definitiva, de crear oportunidades en clase para que el alumno sea capaz no sólo de expresar e interpretar significados, sino también de negociarlos durante la comunicación, entendiendo por negociación del significado el tipo de interacción que se produce entre los participantes de una conversación para hacer posible el entendimiento mutuo.

Procesos naturales de aprendizaje

A lo largo de los 70, el desarrollo de modelos de análisis sobre el proceso de aprendizaje permitió complementar las aportaciones teóricas que se habían producido en la década anterior con respecto al proceso de enseñanza. Las primeras investigaciones sobre los procesos naturales de aprendizaje de una lengua extranjera estuvieron centradas en los problemas derivados de la transferencia lingüística y en el análisis de los errores de los alumnos. A partir de estas primeras aportaciones se produce un incremento del interés por todo lo relacionado con los procesos psicológicos implicados en el aprendizaje, lo que da origen a un conjunto de estudios y experimentaciones que va adquiriendo cada vez mayor importancia como base de fundamentación de las propuestas pedagógicas del enfoque comunicativo.

Interlengua y análisis de errores

Los primeros estudios sobre los errores que producían los alumnos en el proceso de aprendizaje de una lengua extranjera partieron de la base de que tales errores eran el resultado de la interferencia de la lengua materna (L1) en el aprendizaje de la nueva lengua (L2). El análisis contrastivo de la L1 y la L2 permitiría delimitar las potenciales áreas de dificultad para los hablantes, lo que sería de enorme utilidad a la hora de elaborar un programa de enseñanza de lengua extranjera. La práctica docente demostró que la utilidad de este tipo de análisis era limitada, en la medida en que era incapaz de predecir errores frecuentes en los alumnos. Los estudios recientes no niegan la existencia de la transferencia lingüística, pero la interpretan desde una perspectiva más amplia, como un mecanismo cognitivo que afecta de modo general al proceso de aprendizaje de la nueva lengua. Ya desde los años 70, el análisis de los errores de los alumnos se empezó a poner en relación con el concepto de *interlengua*, que parte de la idea de que existe en la mente una estructura psicológica latente que se activa cuando un adulto produce significados en una lengua extranjera. Esta estructura psicológica es diferente a la que existe con respecto a la lengua materna, que responde a una ordenación ya formulada en el cerebro. A la hora de analizar los mecanismos que rigen la adquisición de la lengua extranjera, nos encontramos con el hecho de que no conocemos las unidades que componen la estructura psicológica latente, por lo que nuestro único objeto de análisis son los intentos del alumno por producir una norma de la lengua que aprende (Selinker, 1972). Los errores que se producen al realizar estos intentos nos permitirán detectar la interlengua en que se encuentra el alumno. La intervención del profesor podrá orientarse, así, en función del sistema lingüístico imperfecto que es capaz de desarrollar el alumno en cada fase de aprendizaje. Desde esta perspectiva, el error comienza a valorarse como un factor útil, casi necesario, en el proceso de aprendizaje de la lengua, lo cual ha provocado un cambio de actitud con respecto a la práctica de corrección sistemática que predominaba en los métodos pedagógicos anteriores.

Estrategias de comunicación y de aprendizaje

Si partimos de la base de que el desarrollo de la habilidad del alumno para negociar significados es un objetivo determinante de la enseñanza comunicativa de la lengua, deberemos crear en clase las condiciones que permitan desarrollar estrategias —esto es, procedimientos o técnicas— que favorezcan el uso de la lengua con fines comunicativos. La realización de actividades y tareas que promuevan la interacción constituye, en este sentido, un factor clave. Al involucrarse en este tipo de actividades, el alumno se verá obligado a comunicar significados que están más allá de sus recursos lingüísticos, por lo que habrá de recurrir al uso de paráfrasis, ejemplos, comparaciones, o bien solicitar ayuda al interlocutor para que la comunicación pueda mantenerse. La interacción que se produce en este tipo de situaciones comunicativas estimulará el desarrollo de procesos psicolingüísticos de importancia decisiva en el aprendizaje de la nueva lengua. Es importante relacionar este tipo de estrategias de comunicación con las estrategias de aprendizaje que utiliza el alumno para procesar la información de entrada que recibe de la nueva lengua, con objeto de desarrollar su conocimiento lingüístico. Es cierto que en los intercambios comunicativos de la vida cotidiana se ponen en juego habilidades automatizadas que se activan de forma espontánea, y esto nos podría hacer pensar que las estrategias de aprendizaje, que son de naturaleza intencional, no intervienen en las interacciones que exigen respuesta inmediata. Un análisis más profundo, sin embargo, permite entender que el desarrollo de las estrategias de carácter cognitivo -crear relaciones mentales, analizar y razonar, etc.- que intervienen en el aprendizaje, sólo tienen sentido en la medida en que permitirán el desarrollo de la habilidad comunicativa del alumno, por lo que deben enfocarse también en estrecha relación con las estrategias de comunicación.

Variables individuales en el proceso de enseñanza y aprendizaje

Como hemos tenido ocasión de ver, el enfoque de los métodos de enseñanza de lenguas extranjeras en los años 50 y 60 respondía, básicamente, a un análisis estructuralista de la lengua y a una serie de principios de carácter psicológico sobre los procedimientos más adecuados para desarrollar determinadas conductas verbales en los alumnos, en coherencia con una visión conductista del aprendizaje. Este planteamiento se correspondía con una concepción del ser humano como un organismo pasivo, que reacciona ante estímulos externos de carácter ambiental. Ya en los años 60 se empieza a dar el paso a una orientación racional y cognitiva, que se verá claramente reflejada en las propuestas de la lingüística generativa transformacional, en correspondencia con una visión del ser humano como el iniciador de todos los actos, lo que supone un cambio radical frente al enfoque anterior. A partir de los 70 comienza a ganar terreno una orientación de carácter humanista, caracterizada por la preocupación por todo lo relacionado con el crecimiento y el desarrollo individual, con un énfasis en los factores afectivos. A esta orientación corresponde el interés por la dimensión comunicativa de la lengua, que se traducirá en los enfoques comunicativos de enseñanza de lenguas extranjeras (Dubin y Olshtain, 1986). Así, la preocupación por las variables individuales en el aprendizaje constituye hoy un factor importante en cualquier propuesta educativa.

Factores cognitivos

Los estudios sobre el nivel de inteligencia del alumno en relación con su mayor o menor capacidad para procesar la información que recibe del profesor han cedido terreno en favor de la preocupación por las estrategias que desarrolla el alumno en el proceso de aprendizaje de la lengua. Un factor cognitivo que ha llamado la atención de los investigadores es el papel que desempeñan las habilidades comunicativas previas del alumno a la hora de procesar el material lingüístico que recibe de la nueva lengua. Así, la aptitud para el aprendizaje de una lengua extranjera será mayor en la medida en que el alumno sea capaz de sacar mayor provecho de habilidades de codificación fonética, de memoria o de inducción de reglas de carácter gramatical.

Factores afectivos

El interés por el análisis de variables afectivas como la ansiedad, la confianza en uno mismo o la motivación, se corresponde con una preocupación cada vez mayor por proporcionar las condiciones más adecuadas para que el aprendizaje en clase pueda producirse del modo más eficaz. Propuestas pedagógicas como la del *modelo del monitor* de Krashen se han esforzado en describir las condiciones idóneas para facilitar la adquisición de la lengua, si bien otros autores discrepan sobre las bases teóricas y la efectividad del planteamiento propuesto, con lo que el asunto queda pendiente todavía de una respuesta definitiva. En todo caso, es razonable pensar que si el alumno encuentra en clase una respuesta positiva por parte del profesor y de los compañeros, podrán evitarse situaciones de tensión que afectan negativamente en el proceso de aprendizaje. La mayor o menor sensibilidad del profesor con respecto a las variaciones de carácter transcultural, o la repercusión que pueda tener en el alumno la corrección de los errores, son factores que condicionarán el aprendizaje del alumno, por lo que parece aconsejable fomentar en clase un clima de diálogo y de respeto mutuo.

Enseñanza centrada en el alumno

Una consecuencia fundamental del enfoque humanista que orienta hoy día los planteamientos educativos es la consideración del alumno como eje de las decisiones que se adoptan en los planes de enseñanza. Como hemos visto, las primeras propuestas de la enseñanza comunicativa giraron en torno a la descripción de los contenidos de los programas de enseñanza en función de un análisis de la lengua relacionado con las necesidades comunicativas de los hablantes. La valoración de las expectativas individuales con respecto a la nueva lengua, así como la consideración de los estilos particulares de aprendizaje de los alumnos, son hoy ingredientes habituales de cualquier propuesta educativa. En el campo de la enseñanza de lenguas extranjeras, la idea de un método concebido como solución universal se ha ido desvaneciendo en favor de enfoques curriculares que conciben la enseñanza y el aprendizaje como un proceso dinámico que se desarrolla sobre la base del diálogo y del intercambio de experiencias entre el profesor y los alumnos. Un planteamiento de este tipo requiere que tanto los objetivos del programa como los procedimientos pedagógicos que se utilicen sean establecidos en función de los intereses, las expectativas y las características particulares de los alumnos, lo que implica un cierto modo de negociación entre el profesor y los alumnos sobre el propio proceso de aprendizaje. Desde luego, esta negociación no es siempre una tarea fácil para las partes que intervienen en ella. El alumno ha de asumir una nueva responsabilidad sobre su propio proceso de aprendizaje, que puede entrar en contradicción con ideas preconcebidas sobre el papel que le corresponde desempeñar en clase. El profesor ha de abandonar su papel tradicional de modelo de actuación lingüística, ceder su posición central en la toma de decisiones y contribuir a que sus alumnos entiendan qué significa aprender una lengua extranjera. Este nuevo juego de relaciones puede plantear dificultades, sobre todo cuando las percepciones de los alumnos chocan con los planteamientos pedagógicos del profesor sobre los objetivos finales del programa o sobre los procedimientos metodológicos que deben emplearse. En este caso, la búsqueda del equilibrio habrá de realizarse sobre la base del esfuerzo de ambas partes por entender las ventajas de un planteamiento compartido.

Lengua y contexto sociocultural

Cuando aprendemos una lengua extranjera tenemos acceso a una realidad social nueva, regida por normas y convenciones que pueden ser muy diferentes a las que existen en el grupo social del que formamos parte. Así, el desarrollo del conocimiento comunicativo del alumno puede entenderse como parte de un desarrollo social y personal más amplio. Hay que tener en cuenta que la relación que establecemos con una realidad sociocultural nueva se produce siempre sobre la base de los presupuestos culturales que conforman nuestra propia identidad social, por lo que aprender una nueva lengua no es sólo alcanzar un dominio funcional de un nuevo código lingüístico, sino también ser capaz de interpretar y relacionarse con una realidad sociocultural diferente. El reconocimiento de la importancia de este planteamiento ha motivado la ampliación de los componentes de la competencia comunicativa en la definición de los objetivos de aprendizaje de una lengua extranjera. Así, el profesor Van Ek (1986), en uno de los proyectos del Consejo de Europa que amplía las bases de la enseñanza comunicativa, propone incorporar una *competencia sociocultural*, relacionada con el desarrollo de un cierto grado de familiaridad con el contexto sociocultural en que se usa la lengua, y una *competencia social*, que tiene que ver con el deseo y la confianza del alumno para relacionarse con otros, así como con la capacidad para desenvolverse en situaciones sociales. No es fácil, sin embargo, proporcionar instrumentos pedagógicos que faciliten el desarrollo de este tipo de competencias. Tradicionalmente, los materiales de enseñanza han ofrecido una imagen superficial y estereotipada de los rasgos socioculturales que acompañan a la lengua extranjera, debido al énfasis en el tratamiento de los contenidos lingüísticos. Un enfoque de enseñanza que pretenda favorecer la comprensión de los rasgos socioculturales de una nueva lengua deberá plantear actividades que fomenten la reflexión del alumno sobre las similitudes y las diferencias entre la realidad social propia y la ajena.

Autonomía del alumno

La confluencia de algunos de los rasgos que he comentado en los apartados anteriores configura un concepto que ha cobrado especial énfasis en el desarrollo reciente de las propuestas comunicativas: la autonomía del alumno. Un primer enfoque de este concepto destaca, como hemos visto, la importancia de fomentar en clase el desarrollo de estrategias de comunicación y de aprendizaje, cuya relación mutua ha quedado subrayada desde la perspectiva del enfoque comunicativo. Facilitar las condiciones y los instrumentos para que el alumno pueda hacerse responsable de su propio proceso de aprendizaje constituye una dimensión nueva en el programa de lengua extranjera. El desarrollo de la autonomía afecta también a las relaciones que se establecen en la clase entre el profesor y los alumnos, y supone un cambio sustancial en los papeles que corresponde desempeñar a cada uno. Así, la participación del alumno en la negociación de los objetivos y los procedimientos pedagógicos del programa responde a una concepción que parte del respeto al individuo y que sitúa al alumno en el centro del currículo, lo que revierte también en una ampliación de su responsabilidad en la toma de decisiones.

RUTAS Y RETOS DE LA ENSEÑANZA DEL ESPAÑOL EN EL SIGLO XXI

Un primer análisis de la situación de la enseñanza del español como lengua extranjera, al menos en lo que hace a las iniciativas del sector público y privado que se han acometido en los últimos años dentro de España o bien desde el Estado español con proyección hacia el exterior, permite advertir un importante esfuerzo por poner al día los planteamientos pedagógicos y los instrumentos de enseñanza que, hasta hace poco, permanecían en gran medida ajenos a las tendencias que he comentado en el apartado anterior. Los primeros impulsos de esta puesta al día han provenido del espectacular desarrollo de la producción editorial en el campo de la enseñanza del inglés como lengua extranjera, vinculada al papel hegemónico de esta lengua como vehículo de comunicación internacional. Toda una generación de estudiantes que completaron su formación escolar y universitaria con el inglés como lengua extranjera preferente se ha ido familiarizando en las dos últimas décadas con distintos métodos y manuales de enseñanza derivados de los planteamientos de la enseñanza comunicativa. Desde los años 70, las nuevas promociones de profesores de lenguas extranjeras han adquirido gran parte de su formación pedagógica mediante la asimilación de los principios comunicativistas promovidos desde instituciones europeas como el Consejo de Europa y desarrollados en colecciones de divulgación didáctica o revistas especializadas del mundo anglosajón.

La versión en español de *Threshold Level*, publicada en el año 1979 con el título de *Un nivel umbral* (Slagter, 1979), originó las primeras propuestas comunicativas aplicadas a la enseñanza del español como lengua extranjera, particularmente en la forma de manuales de enseñanza que abrieron el camino a una serie de iniciativas de experimentación didáctica basadas en los presupuestos del nociofuncionalismo. A lo largo de los años 80, estas iniciativas coinciden en España con el desarrollo del movimiento de reforma del sistema educativo, fundamentado en un enfoque de la enseñanza desde la perspectiva del currículo. El tratamiento de las lenguas extranjeras en las nuevas propuestas educativas se hace eco de las aportaciones de la enseñanza comunicativa de la lengua, y las sitúa en el conjunto del currículo escolar sobre la base de una nueva visión humanista que reconoce al alumno como el centro de las decisiones en el proceso de enseñanza y aprendizaje. Dentro del sector público, las Escuelas Oficiales de Idiomas ofrecen enseñanza especializada de lenguas extranjeras, entre las que se incluye el español, si bien se han visto en los últimos años rebasadas por un aumento espectacular de la demanda derivado del creciente interés por el aprendizaje de lenguas desde los años 70. En estos mismos años, las universidades diversifican su oferta de cursos de español para extranjeros, particularmente en los meses de verano. Por su parte, en el sector privado se mantiene la demanda de clases de español localizada en el sector turístico, a lo que se añade desde los años 80 la afluencia de estudiantes que buscan completar su formación especializada o que participan en programas educativos financiados por la Unión Europea.

La creación del Instituto Cervantes a principios de los años 90 constituye una de las iniciativas más importantes del Estado español en todo lo relacionado con la difusión de la lengua y la cultura española en el extranjero. El Instituto incorporó desde un principio los presupuestos del enfoque curricular en el desarrollo de su plan de enseñanza y estableció unas bases generales de actuación pedagógica que fueron adaptadas de forma gradual por los centros de su red, en función de las características de cada entorno sociocultural y los estilos particulares de aprendizaje de los distintos tipos de alumnado. Aunque este nuevo organismo no tiene todavía una trayectoria suficiente que permita hacer un análisis fundamentado con proyección de futuro, es razonable pensar que su contribución será decisiva en el impulso a las iniciativas de investigación y experimentación didáctica en el campo del español como lengua extranjera. La creación del Instituto Cervantes había sido precedida por una serie de actuaciones de la Administración española en el exterior, especialmente intensas desde los años 70, dirigidas a promover la enseñanza del español y la difusión cultural. El desarrollo de programas por parte del Ministerio de Educación para prestar apoyo educativo a los hijos de los emigrantes españoles, la labor de las Consejerías de Educación en distintos países, las iniciativas de las Embajadas de España para la enseñanza y la difusión de la lengua y la cultura española, y la creación de los Diplomas de Español como Lengua Extranjera, son algunas de las claves de la política exterior española en el ámbito lingüístico y cultural.

Aunque las universidades, con alguna excepción, no han incorporado todavía la enseñanza del español como lengua extranjera en los planes de estudio de las licenciaturas, en fecha reciente se ha producido un cierto incremento de los cursos de formación en la especialidad, dentro de la oferta de estudios de postgrado y de cursos máster. Han aumentado también los cursos de verano dirigidos a la formación de profesores de español y son cada vez más numerosos los proyectos de investigación que se realizan sobre esta materia en las aulas universitarias. Con todo, se mantiene en las universidades la tendencia a enfocar la enseñanza del español como lengua extranjera desde el prisma de la lingüística aplicada, con escaso reconocimiento de la repercusión de los principios y de los instrumentos de la teoría del aprendizaje y de la teoría de la educación. Así, como observa Rodgers (1989), dado que los asuntos relacionados con el desarrollo del currículo han sido tratados en los estudios de carácter educativo más que en los estudios lingüísticos, la relación entre la enseñanza de la lengua y el currículo ha sido sistemáticamente ignorada por los especialistas en lingüística aplicada que se han interesado por la enseñanza y el aprendizaje de las lenguas extranjeras. Por lo demás, el carácter multidisciplinar de la formación del profesor de lengua extranjera, basado en el equilibrio entre la dimensión lingüística y la pedagógica, no favorece su integración en el sistema tradicional de distribución de las disciplinas académicas, lo que se une a una consideración de este tipo de enseñanza como algo distinto y separado de los presupuestos y de los métodos de otras asignaturas.

En el ámbito europeo, el desarrollo por parte del Consejo de Europa de programas y proyectos relacionados con la enseñanza y la difusión de las lenguas europeas pretende favorecer el aprendizaje de idiomas como vehículo para una mejor comprensión de los presupuestos culturales de los distintos países dentro de los objetivos generales de la Unión Europea, interesada ahora por la expansión de su ámbito de influencia y sensible siempre a las iniciativas de entendimiento mutuo e integración a partir del reconocimiento de la diversidad cultural. Sin embargo, y a pesar de las posibilidades de financiación que ofrecen los programas lingüísticos comunitarios, el peso de la iniciativa de organismos, empresas y centros educativos españoles en la presentación de proyectos ha sido desde el principio muy limitado, por lo que puede decirse que las oportunidades de difusión del español en el ámbito comunitario no han sido hasta la fecha suficientemente aprovechadas.

Aunque las posibilidades de aplicar las nuevas tecnologías a la enseñanza de lenguas son todavía limitadas, es evidente que, en las próximas décadas, los avances de la investigación en el campo de la informática y de los medios audiovisuales proporcionarán instrumentos de extraordinaria utilidad para la enseñanza en clase y, sobre todo, para el aprendizaje autónomo. Los centros de enseñanza de lenguas valoran ya hoy día la importancia de que existan medios adecuados para que los alumnos puedan complementar su aprendizaje en clase con el trabajo autónomo asistido por ordenador. Más allá de la revolución que supuso en su día la tecnología audiovisual, disfrutamos hoy de las ventajas que ofrecen los programas interactivos y el acceso a las autopistas de la información, aunque no puede hablarse todavía de una explotación amplia de estos medios por parte del público general. Por lo que respecta a la enseñanza del español, desde hace algunos años hay en el mercado cursos audiovisuales y cursos multimedia de español general y de español con fines específicos, a lo que hay que añadir la aparición reciente de videodiscos interactivos dirigidos al aprendizaje de la lengua y de repertorios lingüísticos en soporte informático.

* * *

En el epígrafe anterior, el repaso de las tendencias pedagógicas más significativas de la enseñanza comunicativa de la lengua nos ha permitido vislumbrar algunos de los elementos que constituirán las bases de la enseñanza de las lenguas extranjeras en las próximas décadas. En coherencia con todo ello, las iniciativas que se acometan en relación con la enseñanza del español en un próximo futuro deberán considerar, entre otras, las siguientes variables:

❏ Las aportaciones de la teoría lingüística han arrojado luz sobre aspectos fundamentales de la dimensión comunicativa de la lengua, y deberán considerarse en cualquier propuesta pedagógica que tenga como objetivo el desarrollo de la competencia comunicativa del alumno. En este sentido, las contribuciones recientes de la pragmática, la teoría del texto o el análisis del discurso han ampliado el foco de estudio de las gramáticas funcionales surgidas como respuesta al generativismo. Las denominadas *lingüísticas del discurso* se han interesado por la comunicación como proceso y por el análisis de las variables que estructuran las situaciones concretas de comunicación. En la clase de lengua extranjera, las tareas y las actividades que involucran a los alumnos en la negociación de significados constituyen un planteamiento metodológico que completa y amplía el anterior enfoque nociofuncionalista. Las actividades basadas en la resolución de problemas por parte del alumno y en el vacío de información, que obligan a poner en juego estrategias de comunicación y de aprendizaje en función de objetivos de carácter comunicativo, estimulan el desarrollo de procesos psicolingüísticos que hoy se consideran fundamentales para el aprendizaje de una lengua extranjera.

❏ La necesidad de relacionar la teoría y la práctica de la enseñanza ha movido el interés de los profesores y de los responsables de cursos de lenguas extranjeras hacia el concepto de currículo, particularmente en contextos institucionales. Frente a los planes educativos cenrados en la determinación de los objetivos del programa, el currículo se interesa por la re-solución de los problemas que se suscitan en la práctica de clase. Las aportaciones de la teoría de la educación y de la teoría del aprendizaje han abierto y seguirán probablemente abrien-do dimensiones nuevas en la enseñanza de las lenguas extranjeras, vinculada tradicional-mente a los presupuestos y a los planteamientos de la lingüística aplicada. Así, propuestas pedagógicas recientes, como las que constituyen el denominado *enfoque por tareas,* se fun-damentan en estudios relacionados con la educación y el aprendizaje en general.

❏ No hay un modelo o método único y definitivo de enseñanza que sea capaz de dar res-puesta a la enorme variedad de situaciones en las que puede desarrollarse un programa de lengua. No cabe pensar, por tanto, en un modelo *exportable* de enseñanza de español, váli-do para todo tipo de situaciones. Un manual concebido para un entorno de lengua españo-la, que presupone un cierto estilo de aprendizaje y una serie de valores culturales, puede re-sultar ineficaz en un entorno de lengua extranjera si no es adaptado a las características del alumnado y a las peculiaridades del contexto social y cultural. A este respecto, el análisis de las necesidades de los alumnos es un procedimiento particularmente útil a la hora de deter-minar las características del curso. Mediante procedimientos apropiados, como cuestionarios, entrevistas, o incluso mediante el diálogo espontáneo con el alumno, puede obtenerse infor-mación sobre los objetivos generales y específicos del curso o las preferencias en cuanto al estilo de aprendizaje. Así, un determinado grupo de alumnos puede considerar que la utili-zación en clase del vídeo o de otros medios técnicos es una propuesta interesante, mientras otro grupo puede valorarla muy negativamente. La negociación del enfoque del curso a par-tir de los intereses del grupo es una práctica coherente con los nuevos planteamientos de en-señanza centrada en el alumno. El enfoque de las actividades que vayan a practicarse en cla-se, así como la selección y la organización de los contenidos, será más eficaz si se realiza en función de las expectativas y las necesidades expresadas por los alumnos.

❏ Aprender una lengua para incorporarse a una nueva comunidad hablante supone una expansión de la propia personalidad social. La función del profesor no se limita a enseñar un modelo aséptico de lengua vinculado a una serie de situaciones estereotipadas. Contribuir a que el alumno se enfrente a las diferencias entre los usos, las convenciones y los valores de su grupo social y los propios de la comunidad hablante a la que accede, es un objetivo pe-dagógico fundamental. Por lo demás, una misma lengua puede ser compartida por individuos que pertenecen a distintas nacionalidades y culturas. Esto ocurre especialmente en el caso del español, que hablan personas pertenecientes a realidades sociales y culturales muy diferen-tes. El profesor de español deberá transmitir a sus alumnos una visión plural del mundo his-panohablante, aunque practique una norma lingüística determinada.

❏ En el diseño de cursos de lengua se ha venido planteando en los últimos años el dilema entre dar prioridad a los objetivos y contenidos del curso, o centrarse en la metodología co-mo hilo conductor del programa. Tanto los programas gramaticales como los nociofunciona-les se habían preocupado por la definición de los contenidos de enseñanza que constituyen el programa del curso: en el primer caso, la selección y organización de los contenidos se ha-ce en función de la mayor o menor complejidad de las estructuras gramaticales; en el segun-do, el criterio de organización de los programas se basa en la descripción de funciones lin-güísticas a partir de las necesidades comunicativas de los alumnos. Por su parte, el diseño de cursos en función de criterios metodológicos es una consecuencia de los avances en las teorías de adquisición y desarrollo de segundas lenguas, y parte del presupuesto básico de que enseñar la lengua como comunicación cuestiona la posibilidad de una definición previa de contenidos, dado que la comunicación lingüística es, por naturaleza, impredecible, no sistematizable. Así, los enfoques naturales, los de inmersión, y los centrados en tareas, se interesan por los procesos de aprendizaje más que por los resultados que puedan esperarse de la enseñanza, y comparten en distinto grado un planteamiento que parte de la metodología como factor clave en el diseño del curso. Una visión realista del proceso de enseñanza y aprendizaje nos permite entender que, aunque la trayectoria es importante, no debemos olvidar los objetivos del curso, dado que los alumnos adultos necesitan alcanzar determinados resultados en función del tiempo y de los recursos de que disponen. Las recientes propuestas pedagógicas orientadas desde la perspectiva del currículo pretenden recuperar el equilibrio entre los dos elementos del dilema planteado, a partir de una concepción del programa como un instrumento flexible, abierto y sujeto a constante revisión. La planificación puede permitirnos satisfacer de modo más eficaz las necesidades y las expectativas de los alumnos, así como responder a las exigencias que puede imponer un determinado contexto educativo; esto no implica la renuncia a procedimientos metodológicos que favorezcan la interacción y que promuevan el uso de la lengua con fines comunicativos.

◻ El énfasis en la descripción de los procesos naturales de adquisición de una segunda lengua ha despertado el interés por promover en clase las condiciones que favorezcan el aprendizaje. El papel del profesor no es ya el del modelo de actuación lingüística que transmite conocimientos a los alumnos, sino el de alguien que contribuye a que el alumno, mediante la comunicación, pueda desarrollar su propio aprendizaje. Comunicarse para aprender supone un paso más con respecto a las primeras propuestas comunicativistas, centradas en el problema de cómo aprender a comunicarse. El nuevo enfoque exige un importante cambio también en el papel del alumno, que habrá de responsabilizarse de su propio aprendizaje mediante el desarrollo de su autonomía. Este cambio de planteamiento en el papel del profesor y en el del alumno son dimensiones clave en la enseñanza de lenguas del próximo futuro, y exigirán un esfuerzo de adaptación por ambas partes.

◻ En los inicios del siglo XXI, el profesor de lengua extranjera debe asumir que, a pesar de los avances de las investigaciones en la especialidad, no está todo hecho todavía, y que su profesión plantea hoy más dilemas que soluciones. Aunque puede aprovechar las contribuciones de las distintas teorías que concurren en la enseñanza de lenguas para fundamentar sus propias hipótesis, deberá en todo caso contrastar cualquier propuesta con la experiencia del día a día. Los programas institucionales y los materiales de enseñanza pueden ser instrumentos útiles, pero no dan respuestas definitivas. Así, el profesor deberá poco a poco ampliar su labor profesional hacia el diseño de cursos, dado que las situaciones de enseñanza responden a características que no pueden generalizarse; y deberá complementar las propuestas de los manuales de enseñanza en función de las necesidades de sus alumnos. Los estudios sobre los procesos naturales de aprendizaje no han dado todavía resultados definitivos y no han sido trasladados de forma sistemática a los manuales de enseñanza. La dimensión pedagógica, que amplía la anterior formación lingüística, hace más compleja la labor del profesor, aunque también más rica y apasionante. En definitiva, las rutas que se han ido abriendo en la enseñanza de las lenguas en las cuatro últimas décadas del siglo XX han dejado trazados los retos del profesor del siglo XXI.

Contenidos

Consideraciones de orden teórico:

– Los motivos para promover el desarrollo de la autonomía.
– El perfil del "buen alumno" y las conclusiones para el aprendizaje y la enseñanza.

Consideraciones de orden práctico:

– Puesta en práctica de la autonomía en clase.
– Tareas y sugerencias para el lector del libro.

Para empezar Señale si está o no de acuerdo con estas opiniones, indicando e
número correspondiente:

1= Estoy completamente de acuerdo.
2= Estoy parcialmente de acuerdo.
3= No estoy de acuerdo.
4= No es relevante.

	1	2	3	4
a) Fomentar el desarrollo de la autonomía es dar al alumno la posibilidad de dominar su proceso de aprendizaje.	☐	☐	☐	☐
b) Al fomentar la autonomía de aprendizaje damos una respuesta positiva a las exigencias sociales y económicas de nuestros días.	☐	☐	☐	☐
c) La responsabilidad personal, la independencia, la participación y la autonomía caracterizan lo que solemos definir como un "buen alumno".	☐	☐	☐	☐
d) La autonomía no es un método, sino el resultado de una reflexión sobre la propia manera de aprender, que se hace a lo largo de todo el proceso de aprendizaje.	☐	☐	☐	☐
e) A una mayor autonomía corresponde una competencia comunicativa.	☐	☐	☐	☐
f) La práctica de la autonomía implica algunas modificaciones esenciales en el proceso de enseñanza/aprendizaje tradicional.	☐	☐	☐	☐
g) Uno de los papeles fundamentales del profesor es ayudar a sus alumnos a desarrollar la propia autonomía de aprendizaje.	☐	☐	☐	☐

1. ¿Por qué promover la autonomía en el aprendizaje?

No hay uno solo, sino varios caminos de aprendizaje que pueden ser igualmente correctos.

1.1 Autonomía y aprendizaje eficaz

El dominio del propio proceso de aprendizaje de un idioma extranjero se basa en el concepto de la autonomía en el aprendizaje y, consecuentemente, en la "autonomización" del alumno en dicho proceso. Estos aspectos protagonizan, en los últimos años, las discusiones teóricas sobre la didáctica del español. Por otra parte, las implicaciones que se derivan de la toma en consideración de tales factores, deben ser aplicadas en la práctica de la enseñanza del español. La figura del "alumno autónomo" está así presente en toda consideración didáctica o metodológica sobre la enseñanza de una lengua.

En el presente capítulo, abordaremos diversos aspectos relacionados con el aprendizaje del español como lengua extranjera (E.L.E.). En particular, nos detendremos en la importancia que tiene el fomentar la autonomía del alumno como base para que éste llegue a dominar su propio proceso de aprendizaje. También pondremos de manifiesto las implicaciones prácticas que se derivan para la enseñanza del español.

 Cuanto mayor sea la competencia de aprendizaje, mayor será la competencia de comunicación en español.

Trabajar eficazmente trae consigo éxito, el éxito condiciona la motivación, y la motivación estimula el empeño en el estudio y aumenta la eficacia en el aprendizaje.

La **cuestión clave** para aumentar el grado de competencia de comunicación en español es entonces: **¿cómo ayudar a los alumnos a aprender?** En otros términos, cómo promover la autonomía de la que el alumno puede gozar para organizar su propio aprendizaje.

No sólo aprendemos a hablar una nueva lengua, también aprendemos a aprenderla mejor. Estoy convencido de que la autonomía en el proceso de aprendizaje resultará beneficiosa en otros ámbitos y momentos de la vida. (Ernesto Martín Peris)

Además, el fomento de la autonomía en el aprendizaje encuentra su justificación en los cambios sociales de los últimos decenios, en las nuevas necesidades formuladas desde el mundo del trabajo y de la economía para adaptar la formación de los adultos a las exigencias progresivas del ámbito social y profesional. *Life long learning*, la formación permanente, es una de las nuevas necesidades.

Autonomía y competencia comunicativa

Las ideas surgidas en torno a este postulado de la formación per
manente caracterizan igualmente la enseñanza y el aprendizaje
de idiomas:

 Responsabilidad personal, participación, independencia y auto
nomía.

Estos postulados delimitan un alumno "ideal" -un alumno que sa
be desenvolverse en las situaciones de aprendizaje-. ¿Existe e
alumno "ideal"? ¿Y cómo hace el "buen alumno" para cumplir con
los requisitos anteriormente mencionados?

1.2 El "buen alumno"

¿Qué es un "buen alumno"? Recientes estudios han intentado ex
plicar las causas por las que un alumno es más eficaz que los de
más en el aprendizaje. Parece evidente que los "buenos" alum
nos son aquellos que son eficaces, activos y que, simplemente
saben cómo aprender.

Capacidad de tomar decisiones

¿Pero cómo lo hacen? El alumno eficaz es como un *director* de
su propio proceso de aprendizaje. Al igual que un *director*, e
alumno tiene que estar en condiciones de tomar una serie de de
cisiones necesarias para planificar y llevar a la práctica su pro
grama de aprendizaje:

- identificar y seleccionar los objetivos del aprendizaje;
- seleccionar los contenidos didácticos y lingüísticos para llega
  a los objetivos previstos;
- decidirse por materiales y técnicas adecuados a la manera de
  aprendizaje de cada uno;
- autoevaluar las estrategias utilizadas y los resultados obtenidos

Estas consideraciones pueden parecer bastante teóricas y sin re
lación práctica con la realidad en clase. Sin embargo, es impor
tante destacar que los "buenos alumnos" manifiestan preferencias
por determinadas estrategias, técnicas y actividades de aprendi
zaje que requieren responsabilidad personal, independencia
participación y autonomía.

Diversas investigaciones sobre preferencias en el modo de apren
dizaje han destacado las siguientes características como constan
tes de los "buenos alumnos":

- encuentran su propia vía de aprendizaje;
- organizan las informaciones que reciben sobre la lengua;
- son creativos y utilizan lo que aprenden en nuevas situaciones
- buscan ocasiones para utilizar la lengua dentro y fuera de clase

- aplican estrategias que les permiten alcanzar un cierto grado de comprensión de la lengua, aunque no comprendan todas las palabras;
- utilizan sistemas mnemotécnicos (ritmo, asociación de palabras, etc.);
- analizan los errores que cometen para no repetirlos;
- utilizan los conocimientos lingüísticos que ya poseen (su lengua materna, otras lenguas conocidas) en el aprendizaje de la nueva lengua;
- utilizan el contexto (sus conocimientos del mundo, elementos extralingüísticos) para comprender mejor los mensajes orales;
- saben utilizar la suposición y la imaginación en el aprendizaje;
- saben utilizar técnicas de producción oral (por ejemplo, pedir a alguien que repita lo que ha dicho);
- conocen diferentes estilos de expresión oral y escrita y saben utilizarlos en diferentes situaciones, según el grado de formalidad exigido.

(Adaptado de D. Nunan, 1991, *Language Teaching Methodology*, Prentice Hall International (UK) Ltd.)

 ¿Qué opina usted? ¿Qué dirían sus alumnos? Compare los resultados.

---

2. ¿Qué es la autonomía en el aprendizaje?

.1 Algunos principios teóricos

 La autonomía es la voluntad y la capacidad de tomar decisiones y de asumir la responsabilidad de las decisiones tomadas.

La capacidad de tomar decisiones determinantes para el propio aprendizaje y la responsabilidad de encargarse de la puesta en práctica de las decisiones tomadas, no son innatas ni pueden ser enseñadas a través de un plan de estudios o una programación de unas cuantas lecciones.

La autonomía no es un método, sino el resultado de un proceso de reflexión sobre el propio aprendizaje.

No se puede enseñar la autonomía como se enseña el uso del subjuntivo. La autonomía se desarrolla mediante la experiencia vivida durante el proceso de aprendizaje. Es fruto del esfuerzo de aprender español o, más concretamente, de aprender cómo aprender español. Desde esta perspectiva, la promoción de la autonomía en el aprendizaje significa fomentar la capacidad de tomar decisiones, así como la independencia y la responsabilidad personal de los que están aprendiendo.

Habrá que ofrecerles a los alumnos situaciones en las que pueda experimentar varias estrategias y técnicas de aprendizaje, y refle xionar así sobre la eficacia de las propias estrategias aplicadas, a fi de ir mejorando la manera de aprender. Este procedimiento ayud al estudiante a tomar conciencia de sus propios recursos y estrate gias subyacentes, los cuales, por lo general, están "dormidos" o in cluso, bloqueados por las experiencias, a veces negativas, del pe ríodo escolar. Una persona no se inscribe en un curso de españc con una *tabula rasa* de costumbres y técnicas de aprendizaje; ca da individuo vendrá a participar en el viaje al español con su ba gaje personal de competencias y deficiencias de aprendizaje.

La "autonomización" del alumno se realiza a través del principi metodológico de la diferenciación en la enseñanza y el aprer dizaje.

La enseñanza de un idioma extranjero no debe fundarse en l uniformidad del aprendizaje, sino en fomentar "estilos" diferente para que cada alumno encuentre su propio camino para aprer der de manera eficaz.

Evalúe y juzgue las siguientes sugerencias para aprender según sus propias experiencias. Marque cada casilla con uno de los siguientes símbolos:

+ Me gusta este consejo. Ya lo he puesto en práctica/suelo trabajar de este modo.

– Encuentro poco útil este consejo. No me sirve de nada. De esta forma yo no puedo aprender.

! Este consejo me parece excelente. Debo ponerlo en práctica cuanto antes.

☐ Lea en voz alta los párrafos importantes, y eventualmente, grábelos en una casete.

☐ Subraye en el texto lo que le parezca especialmente importante, o márquelo con un rotulador fluorescente.

☐ Copie frases o párrafos importantes, o redacte un breve resumen.

☐ Busque ejemplos suplementarios para explicar y comprender una regla.

☐ Repita aspectos importantes con sus propias palabras. Explique lo aprendido a una persona que no esté familiarizada con la materia.

☐ Grabe sus propios dictados en una casete; pueden ser palabras sueltas, frases breves o textos enteros. Preste atención a las pausas necesarias.

La autonomía permite que la enseñanza y el aprendizaje se acomoden a la heterogeneidad de los grupos de estudiantes: necesidades e intereses específicos, diferentes motivaciones y habilidades para aprender, estilos, formas y ritmos de aprendizaje variados, y distinta formación y conocimientos previos de cada alumno.

Todo aquel que quiere aprender un idioma extranjero, debe ser consciente de que el proceso de aprendizaje depende, en gran medida, de su propia responsabilidad y participación.

Memorizamos
el 20% de lo que escuchamos
el 30% de lo que vemos
el 50% de lo que escuchamos y vemos
el 70% de lo que explicamos a otros
el 90% de lo que uno mismo experimenta y realiza.

Conforme al concepto de autonomía, la **responsabilidad propia** significa la voluntad y la capacidad de tomar decisiones en lo que atañe al propio aprendizaje. En términos concretos, al estudiante debe presentársele la oportunidad de elegir, por ejemplo, entre varios ejercicios propuestos, de manera que satisfagan sus intereses o necesidades. También se le puede ofrecer la posibilidad de discutir en clase sobre determinados problemas –por ejemplo, sobre el aprendizaje o el sistema formal del español–, de modo que el grado de su participación en dicha actividad dependerá de su voluntad de trabajo y colaboración.

También depende de la responsabilidad propia el preocuparse por comprobar si se ha entendido realmente lo que se ha aprendido (autoevaluación), y si uno puede verdaderamente poner en práctica los conocimientos adquiridos.

Participación

El alumno tendrá que desarrollar un proceso de aprendizaje activo y participativo. Es un hecho indudable que aprendemos más fácilmente si participamos de forma activa en el aprendizaje, en vez de limitarnos a recibir pasivamente informaciones. Ello no impide que el profesor, en determinados momentos, trate de forma teórica y *ex cathedra* aspectos teóricos del idioma español.

La autoevaluación permite sacar conclusiones sobre el propio proceso de aprendizaje y, si es necesario, cambiar algo en su forma de aprender.

La autoevaluación es el motor inicial y el eje central de cada aprendizaje.

Hay que advertir que la autoevaluación no corresponde a una etapa final del aprendizaje, sino que representa, más bien, el motor inicial y el eje central de la práctica de la autonomía en cla-

se: así, por ejemplo, es importante que, al inicio del curso, lo
alumnos evalúen sus necesidades e intereses, y el porqué y el pa
ra qué de haber tomado la decisión de aprender español. Tam
bién es oportuno controlar desde el inicio las costumbres adqui
ridas en los estudios previamente realizados, así como las forma
y ritmos de aprendizaje de cada alumno.

Como al profesor no le es posible seguir individualmente a cad
estudiante, adquiere importancia el desarrollo de la autoevalua
ción por parte del alumno, de forma que éste se convierta en s
propio guía en su camino hacia un aprendizaje eficaz.

Al conceder al alumno las riendas sobre el propio aprendizaje,
al entrenarle en la competencia de la autoevaluación, cabe, e
consecuencia, aceptar las conclusiones y sugerencias de éste,
integrarlas en la organización de la clase de español.

> Aspectos de la autoevaluación:
>
> * motivación, interés, necesidades,
> * contenidos y objetivos lingüísticos,
> * proceso de aprendizaje,
> * estrategias y técnicas desarrolladas,
> * interacción social en la clase,
> * papel del profesor y del participante,
> * formas de trabajo: trabajo en grupo, por parejas, trabajo
>   individual,
> * materiales, ejercicios.

 El grado de autonomía en el estudio y el grado de competenci
comunicativa en español están indisolublemente relacionados.

La eficacia y el éxito al aprender un idioma extranjero aumenta
en la medida en que crece la toma de conciencia idiomática y e
saber aprender a aprender. Además, al aumentar la concienci
idiomática sobre los aspectos formales y socioculturales del es
pañol, y al obtener mayor competencia de estudio autónomo e
el aprendizaje de E.L.E, el alumno también tendrá una mayo
competencia de comunicación en español.

**2.2 Competencia de
aprendizaje y
competencia
comunicativa**

 Cuanto mayor sea la competencia de aprendizaje, mayor ser
la **competencia comunicativa** del alumno para expresarse en es
pañol.

Autoevaluación significa también la capacidad de poner a prueba estrategias alternativas.

Tanto la competencia comunicativa como la competencia de estudio se adquieren a través de las actividades de aprender a aprender, del entrenamiento sistemático en las estrategias y técnicas de aprendizaje. El entrenamiento de los alumnos en el desarrollo de estrategias y técnicas de aprendizaje eficaces ha de ser integrado en los objetivos didáctico-metodológicos del plan de estudio, y en la programación de las unidades didácticas. Sin embargo, cabe subrayar que es difícil enseñar las estrategias en sí, por lo cual no pueden representar parte explícita de los objetivos de aprendizaje. Es el estudiante quien tiene que descubrir cuáles de las estrategias posibles convienen más a su propio estilo de aprendizaje.

Aspectos de la competencia de comunicación	
La competencia comunicativa	Es la serie de conocimientos -de las reglas lingüísticas, psicológicas, culturales y sociales- inconscientes y necesarios de un individuo para utilizar el idioma adecuadamente en cada situación.
La competencia de aprendizaje	Equivale al grado de autonomía de la que un alumno puede gozar para organizar su propio aprendizaje. La autonomía depende de la capacidad de tomar decisiones y asumir responsabilidades, de autoevaluarse y supervisar el propio aprendizaje, de participar activamente en un aprendizaje cooperativo.
La competencia lingüística	Es el grado de capacidad que un alumno de un curso de español posee para interpretar y formular frases correctas en un sentido habitual y conveniente. Ello implica el uso adecuado de reglas gramaticales, vocabulario, pronunciación, entonación y formación de palabras y oraciones.
La competencia sociolingüística	Se refiere a la relación entre los signos lingüísticos y sus significados en cada situación de comunicación. El usuario del español ha de saber escoger entre los varios medios, formas y registros de comunicación, de manera que sepa adecuarse a cada situación concreta.
La competencia discursiva	Es la capacidad de construir e interpretar textos en su conjunto.
La competencia estratégica	Es la capacidad de aplicar estrategias apropiadas para compensar, en una situación de comunicación oral o escrita, deficiencias en el dominio del código lingüístico u otras lagunas de comunicación.
La competencia sociocultural	Es el conocimiento del contexto sociocultural en el que se habla la lengua meta, y la capacidad de adoptar estrategias sociales apropiadas para realizar los fines comunicativos.

3.   La práctica de la autonomía en la clase

3.1 Consecuencias derivadas de los principios teóricos

Respetando pues el principio de la diferenciación, el alumno constituye el eje central de nuestras consideraciones didácticas en torno al cual se ajusta la confección de los materiales de enseñanza y aprendizaje. Esta peculiar orientación en la didáctica de la enseñanza del español implica algunas modificaciones en relación con la comprensión tradicional de la misma. Los papeles desempeñados por el profesor y por los estudiantes deben ser redefinidos; igualmente los objetivos y contenidos didácticos deben ser sometidos a revisión. En suma, el acercamiento metodológico a lo que es el aprendizaje del español como lengua extranjera se presentará desde un enfoque novedoso.

- ¿Cómo poner en práctica en el aula la diferenciación en la enseñanza y el aprendizaje?
- ¿Cómo ayudar a los alumnos a aprender con más eficacia y consecuentemente, a comunicarse mejor en español?

A estas dos preguntas responderemos de manera adecuada si ofrecemos al alumno situaciones que le ayuden a:

- hacerse independiente y encontrar su propia vía de aprendizaje (**autonomía**);

- asumir la responsabilidad de su propio proceso de aprendizaje (**responsabilidad propia**);

- intercambiar y contrastar sus experiencias de aprendizaje con los demás (**aprendizaje cooperativo**);

- participar en las actividades de clase de forma activa y dinámica (**participación**);

- desarrollar la toma de conciencia idiomática, indispensable para comprender y utilizar el español adecuadamente en su dimensión de sistema formal y sistema de comunicación específicos, y también como expresión de un sistema de valores socioculturales (**reflexión sobre el idioma y reflexión sobre el proceso de aprendizaje**);

- desarrollar la capacidad de evaluar los progresos lingüísticos, el proceso de aprendizaje y los medios escogidos, y de sacar conclusiones para supervisar su ejecución (**autoevaluación**).

3.2 Guía práctica para desarrollar la autonomía en clase

Las siguientes cuatro cuestiones pueden servir al profesor de orientación para estructurar su clase de español de cara a la promoción de la autonomía del alumno -independientemente del horario del curso y del material escogido.

Las cuatro cuestiones de orientación

1ª cuestión	¿Por qué aprendo español?
2ª cuestión	¿Qué quiero aprender?
3ª cuestión	¿De qué forma aprendo mejor?
4ª cuestión	¿Cuánto he aprendido de lo que he estudiado?

Para cada cuestión formularemos un objetivo de aprendizaje, seguido de un comentario y ejemplos de actividades para realizar en clase. Ofreceremos también materiales que pueden servir al profesor de estímulo para iniciar discusiones específicas con los alumnos sobre el tema "Aprender a aprender".

1ª cuestión

¿Por qué aprendo español?

Objetivo

 Los alumnos identifican y expresan sus necesidades de aprendizaje.

Todas las personas aprenden un idioma extranjero con un determinado objetivo, a menudo de tipo práctico. Quizás desean pasar las vacaciones en un país hispanohablante, o quieren familiarizarse con la cultura española o hispanoamericana, o necesitan el español para el trabajo. Cada alumno puede tener sus propias razones para aprender español y, consecuentemente, la motivación será muy variada.

Por ello, el objetivo didáctico de que el estudiante reconozca las propias necesidades e intereses será especialmente provechoso en las primeras lecciones de todo curso.

Sin embargo, las necesidades no son fijas, y pueden cambiar durante el proceso de aprendizaje, al hacer el alumno progresos en su competencia de estudio a través de las experiencias vividas. Por ello, hay que darle regularmente oportunidades para revisar sus necesidades en relación con el curso que está siguiendo.

⇨ *Véase "Cuestionario de análisis de objetivos y necesidades de aprendizaje" en el Anexo de pág. 120.*

2ª cuestión

¿Qué quiero aprender?

Objetivo

 Los alumnos determinan los objetivos específicos del aprendizaje, según sus necesidades y motivaciones.

Los alumnos deben estar en condiciones de reconocer y definir los objetivos por los que siguen el curso de español, y en función de éstos preguntarse: ¿Qué aspectos del español quiero aprender? ¿En qué contenidos lingüísticos quiero profundizar? ¿Qué tipo de ejercicios necesitaría practicar más?

Supongamos, por ejemplo, que un estudiante necesita el español para su puesto de trabajo. En este caso, es muy posible que deba saber, por ejemplo, cómo hablar por teléfono en español: ¿Qué fórmulas específicas o qué conocimientos le harán falta? El alumno necesita tener el mayor número de oportunidades posibles para practicar el diálogo, y será muy interesante, en su caso, hacer ejercicios que se ocupen de la comprensión auditiva. También debe saber cómo se presenta la gente en los países hispanohablantes cuando habla por teléfono, qué se dice cuando se marca un número equivocado, etc.

Los participantes de un curso necesitan asimismo adquirir un **metalenguaje** que les ayude a planificar, ordenar y revisar su aprendizaje. Desde este punto de vista, la terminología sobre los conceptos gramaticales y los aspectos comunicativos del español les ayudará a encontrar las informaciones pertinentes deseadas a **comprender y formular reglas gramaticales**, y a reflexionar y discutir con los demás participantes sobre la lengua que están aprendiendo. Hay que subrayar también la importancia de que el alumno sepa manejar los **recursos** a su disposición: el manual, los diccionarios, las gramáticas. Tiene que saber dónde se encuentran ciertos contenidos, para estar en condiciones de determinar y seleccionar aspectos específicos que quiere aprender profundizar o repasar.

¿De qué se trata? ¿Cuál es el tema presentado?

El alumno estará en condiciones de reconocer los problemas que puedan surgir durante el proceso de aprendizaje y de buscar soluciones, si tiene siempre la posibilidad de contestar a esta pregunta. Antes de realizar una tarea o un ejercicio dado, el alumno tendría que ser capaz de identificar el tema central o el objetivo del ejercicio, y antes de la comprensión teórica de reglas gramaticales, debería reconocer el funcionamiento de un determinado fenómeno gramatical en la tarea propuesta. Estos elementos le darán la posibilidad de escoger las estrategias de aprendizaje que mejor le parezcan para resolver el problema planteado.

Ejemplo n.° 1   A lo largo del libro pueden aparecer ejercicios como éste. Resuélvalo:

---

a) Lea este texto:

América del Sur: habitantes y extensión

América del Sur está formada por 10 países: uno de habla portuguesa (Brasil) y el resto de habla española. El país más grande en extensión es Brasil, con 8.511.965 km2; seguido de Argentina , con 2.779.221 km2, y del Perú, con 1.285.215 km2. Uno de los más pequeños es Ecuador, con 275.800 km2. En número de habitantes, el más grande entre los de habla española es Argentina, con 29.627.000 habitantes, seguido de Colombia, con 27.500.000; el más pequeño es Paraguay, con 3.117.000 habitantes.

b) Complete:

Países sudamericanos de habla española:

– Diga cuántos son ....
– Ordene de mayor a menor los que aparecen en el texto:

por km²   por número de habitantes

....

....

....

....

....

....

¿Cuál es el objetivo de este ejercicio? Marque la respuesta correcta:

(a) Aprender todas las palabras.
(b) Aprender la forma de los comparativos en español.
(c) Entender la información básica del texto.
(d) Practicar los números en español.

Sí, tiene usted razón, la respuesta correcta es (c).

(De *Eurolingua.*)

Ejemplo n.° 2   **Para fijar el uso de la lengua**

¿Cómo se hacen las preguntas? ¿Cómo se dan las respuestas?

¿Hay una farmacia cerca?

¿Cómo preguntarían ustedes por estas cosas?
¿De cuántas maneras distintas sabrían hacerlo?

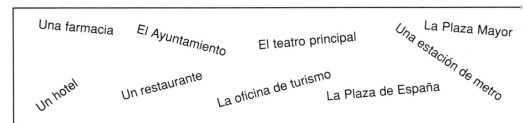

(De *Eurolingua.*

3ª cuestión

¿De qué forma aprendo mejor?

Objetivo

 Los alumnos desarrollan y aplican las estrategias de aprendizaje que más convienen a su propia forma de aprender.

Los estudiantes se entrenan para identificar distintas estrategias y técnicas alternativas de aprendizaje, y experimentan aquellas que les parecen más apropiadas. Para llegar, a través de este entrenamiento de estrategias, a una mayor competencia en el estudio y en la comunicación, el material didáctico y el profesor han de presentar una variada selección de diferentes tipos de ejercicios y actividades, que permitan a los alumnos reconocer y elegir el camino de aprendizaje que más les convenga. Algunas preguntas, que el profesor puede plantear a sus alumnos, facilitarán esta búsqueda:

- ¿Cómo acostumbraba usted a aprender hasta ahora? ¿Qué resultados (éxitos y fracasos) ha tenido?
- ¿Qué tipo de alumno es usted? ¿Le gusta poner en práctica inmediatamente lo que ha aprendido, o prefiere poder reflexionar primero sobre los aspectos que acaba de conocer? ¿Retiene mejor en su memoria lo que oye o lo que ve? ¿Prefiere usted trabajar individualmente o en equipo?
- ¿De cuánto tiempo dispone o quiere disponer para aprender español? ¿Está dispuesto a hacer tareas en casa y tiene un sitio adecuado en el que pueda trabajar concentrado?

⇨ *Véase "Cuestionario de análisis de objetivos y necesidades de aprendizaje" en el Anexo de pág. 120.*

4ª cuestión

¿Cuánto he aprendido de lo que he estudiado?

Objetivo

 Los alumnos **autoevalúan** la adecuación entre los objetivos predeterminados y los contenidos lingüísticos seleccionados, así como la eficacia de las técnicas aplicadas. Sacan conclusiones para el aprendizaje ulterior.

Como ya dijimos, la autoevaluación tiene varias funciones: por un lado es una "pausa", una "parada intermedia" para reflexionar sobre lo que se está haciendo; por otro, es el punto de partida y el eje central de todo proceso de aprendizaje.

Autoevaluación de los objetivos fijados y de los contenidos lingüísticos estudiados del español: el dominio de reglas gramaticales, saber pedir información, conocer costumbres socioculturales, etc. Para que el estudiante mismo pueda comprobar si ha aprendido lo que quería aprender, el material didáctico o el profesor pueden someter al alumno a un test cada cierto tiempo, y el alumno puede responder a cuestionarios sobre los contenidos lingüísticos tratados, rellenar fichas de autoevaluación, etc.

Ejemplo n.° 3

Has aprendido a...

1) Dirigirte a un desconocido.

2) Preguntar cómo ir a un lugar. Dar instrucciones.

3) Dar las gracias. Responder.

4) Preguntar si existe algún lugar o cosa. Responder.

5) Preguntar y decir la hora. Responder.

6) Preguntar por el horario. Responder.

(De *Ven* 1 Ejercicios.)

El camino de aprendizaje elegido era el adecuado?

Autoevaluación del proceso de aprendizaje. El estudiante examina si las técnicas de aprendizaje elegidas y utilizadas han sido eficaces, o si, por el contrario, en la búsqueda del mejor estilo personal de aprendizaje debe hacer hincapié en aspectos o temas diferentes. Por ejemplo, puede preguntarse qué tipo de actividades le parecen las más provechosas: ¿leer?, ¿escribir?, ¿trabajar con grabaciones?, ¿hablar?... o dar ejemplos de lo que le haya ayudado de modo especial en su acercamiento al español: selección del vocabulario que le interesaba, los ejercicios de libre elección, actividades fuera de clase, explicaciones de una gramática, deducción personal de una regla gramatical, el diccionario, trabajo en grupo, las explicaciones del profesor, etc.

Ejemplo n.° 4

Para mejorar nuestro estudio

¿Hace alguna de estas cosas? Marque con una cruz:
A (nunca), B (a veces), C (habitualmente).

	A	B	C
a) Compruebo lo que sé y lo que no sé.	....	....	....
b) Respondo, mentalmente, a las preguntas dirigidas a otros compañeros.	....	....	....
c) Para aprender nuevas palabras me imagino una situación en la que pueden aparecer.	....	....	....
d) Contrasto mis apuntes de clase con los de mis compañeros.	....	....	....
e) Analizo el tipo de errores que cometo y así intento no repetirlos.	....	....	....
f) Busco las mejores condiciones ambientales para estudiar: un lugar sin ruidos, con una temperatura agradable.	....	....	....

(De *Eurolingua.*)

¿Cómo continuar aprendiendo?

Cuando los alumnos lleven ya algún tiempo estudiando el español, el profesor, en ciertos ejercicios, podría invitarles a reflexionar sobre las metas y objetivos que se habían fijado a principios del curso. Quizás han cambiado sus motivaciones y necesidades, a lo mejor deben reorientar su camino y seguir, así, una nueva dirección.

Otro aspecto de la autoevaluación es también la **interacción e** **la clase**.

- El papel del profesor y del alumno
- El trabajo en grupo o por parejas
- El trasfondo emocional y afectivo

Tales aspectos se deberían tematizar y discutir de vez en cuand sea de forma espontánea y breve, o en forma de cuestionarios e pecíficos previamente elaborados.

4.   Tareas para el lector del libro

Hemos ido comentando la forma de reorganizar la clase de e pañol en el aula tradicional. Los elementos capitales para hace lo son, básicamente, **la diferenciación, la participación, l responsabilidad personal, la selección de los objetivos d aprendizaje y la transparencia** para el alumno en la confe ción de los materiales didácticos.

A partir de estos principios para la puesta en práctica del proc so de "autonomización" en el aprendizaje, podemos desarroll actividades concretas, que clasificamos conforme a la subdivisió de la competencia comunicativa *(véase más arriba)*, básicamen en las siguientes áreas:

- actividades de **reflexión sobre el proceso de aprendizaj** desarrollo de la competencia de aprendizaje;

- actividades de **reflexión sobre la lengua como sistema fo mal**: desarrollo de la competencia lingüística *(véase tomo 2);*

- entrenamiento en las cuatro destrezas: **desarrollo de l competencias discursiva, estratégica y sociolingüístic** *(véase tomo 3).*

El siguiente listado propone sugerencias de posibles actividad realizables en el aula. Más ejemplos y las explicaciones teóricas c rrespondientes se encontrarán en los capítulos de los tomos II y de **Profesor en acción**.

Competencia de aprendizaje	**Reflexión sobre el proceso de aprendizaje**
	• *Entrenamiento en estrategias y técnicas de aprendizaje*
	– observación, potenciación y ampliación de estrategias individuales;
	– *desarrollo de las estrategias de memoria: (véanse los ejemplos 1 y 4 en el apartado 5)*
	selección y memorización de palabras, elaboración de un diccionario personal, clasificación en unidades de sentido, creación de vínculos mentales (imágenes, sonidos), etc.
	• *Utilidad del error (véase el ejemplo 3 en el apartado 5)*
	– detección y corrección en la expresión escrita,
	– detección y clasificación de distintos tipos de errores (semánticos, léxicos, ortográficos, gramaticales).
	• *Autoevaluación*
	– de los objetivos y contenidos lingüísticos (por ejemplo, redefinir los objetivos, planificar y establecer prioridades, planificar el trabajo autónomo, seleccionar el vocabulario según los propios intereses);
	– de los recursos y materiales utilizados;
	– de la interacción en el aula, etc.
Competencia lingüística	**Reflexión sobre la lengua como sistema formal**
	– ¿Qué es "gramática" y cómo aprender las reglas?
	– Toma de conciencia idiomática del funcionamiento del sistema formal del español.
	– *Hipótesis, generación y verificación de reglas gramaticales.*
	– Establecer analogías formales y transferirlas a áreas desconocidas: por ejemplo, la desinencia de verbos conocidos a nuevos verbos desconocidos.
	– Inferir la morfología a través de la comparación.
	– Identificar conectores discursivos en un texto.
	– Comparar diferencias y semejanzas entre la lengua materna y el español.

Competencia discursiva, estratégica y sociolingüística	**Entrenamiento en las cuatro destrezas:** *Autoevaluación del propio aprendizaje con relación a las cuatro destrezas.* • *Estrategias de comprensión oral* – audición selectiva, – comprensión global, identificación de los rasgos de entonación, – atención al contexto situacional, – atención a la entonación, interferencias. • *Estrategias de comprensión de lectura* – predicciones e hipótesis sobre el contenido de un artículo (a partir del título, imágenes), – aplicación de técnicas para la comprensión global, – deducción del significado de palabras por el contexto, – ejercicios para buscar una información determinada. • *Estrategias de expresión escrita* – organización del discurso escrito, – reconocimiento de los elementos discursivos de un texto, – detección y corrección de errores en la expresión escrita, – evaluación y aprendizaje de técnicas de expresión escrita. • *Estrategias de interacción oral* – transferencia/aplicación de estrategias de la lengua materna, – verificación de la comprensión correcta, – suplencia de carencias de expresión, – control de la comunicación. **Entrenamiento en las estrategias sociolingüísticas y en las estrategias sociales:** – pedir una aclaración, verificación o corrección, – hacer ejercicios para promover el aprendizaje en cooperación (trabajo en grupo o por parejas, intercambio con nativos), – desarrollar el entendimiento cultural del idioma meta. **Entrenamiento en las estrategias afectivas:** – utilizar la música y elementos lúdicos, – ejercitar la relajación progresiva, – hacer actividades para disminuir la propia ansiedad, – tematizar los sentimientos de cada uno y discutirlos en grupos.

. Sugerencias para actividades en clase

Ejemplo 1

Una memoria de elefante ¿Cómo aprender el vocabulario y memorizarlo mejor?

¿Has pensado alguna vez cómo recuerdas mejor las nuevas palabras? El siguiente listado contiene algunas estrategias que se pueden utilizar. Valora, según la escala, lo que tú haces:

1. No lo hago nunca o casi nunca.
2. Generalmente no lo hago (= menos de la mitad de las veces).
3. Lo hago a veces (= más o menos la mitad de las veces).
4. Lo hago a menudo (= más de la mitad de las veces).
5. Lo hago siempre o casi siempre.

Hago repasos frecuentes. ①②③④⑤

Coloco la nueva palabra en un grupo con otras palabras que, de alguna manera, son similares (vestimenta, colores). ①②③④⑤

Uso combinaciones de sonidos e imágenes para recordar la palabra. ①②③④⑤

Recuerdo la palabra haciéndome una clara imagen mental de ella o haciendo un dibujo. ①②③④⑤

Uso fichas con la palabra nueva a un lado y la definición u otra información al otro. ①②③④⑤

Repito o escribo muchas veces la palabra. ①②③④⑤

Utilizo las palabras familiares en nuevas frases. ①②③④⑤

Uso el diccionario como ayuda para entender lo que leo. ①②③④⑤

Cuando no comprendo una palabra intento suponer lo que puede significar, partiendo del contexto y de la situación. ①②③④⑤

Coméntalo con tus compañeros y anota las diferentes técnicas que habéis usado.

¿Quieres descubrir qué tipo de alumno eres y qué estrategias utilizar para aprender el vocabulario? Consulta el cuestionario de autoevaluación y comprueba tus propios resultados.

(De *Eurolingua*.)

Ejemplo 2

Sugerencias para aprender mejor

Elaboración de un diccionario personal

Utilizar fichas para organizar y repasar el vocabulario de forma sistemática, puede ser una eficaz forma de aprender.

¿Conoces a Marta? Lee cómo organiza Marta las palabras.

> *Marta recorta palabras de los diarios, palabras de todos los tamaños y las guarda en cajas. En caja roja guarda las palabras furiosas. En caja verde, las palabras amantes. En caja azul, las neutrales. En caja amarilla, las tristes. Y en caja transparente guarda las palabras que tienen magia.*
> *A veces, ella abre las cajas y las pone boca abajo sobre la mesa, para que las palabras se mezclen como quieran. Entonces, las palabras le cuentan lo que ocurre y le anuncian lo que ocurrirá.*

Eduardo Galeano. *Mujeres.*

Prepárate ahora tus propias fichas de palabras. Aquí tienes algunos ejemplos:

La palabra, un ejemplo, la traducción.

| **Cerca** | **Traducción a la lengua** |
| *La farmacia está cerca* | **materna** |

Escribe también verbos o adjetivos.

| **Escribir** | **Traducción a la lengua** |
| *He ...... una carta.* | **materna** |

Hazte tus propios ejercicios.

| **de + el = del** | ***Delante del museo.*** |
| **de + la = de la** | ***Delante de la farmacia.*** |

Pregunta a tus compañeros o al profesor si tienen más ideas para organizar las fichas.

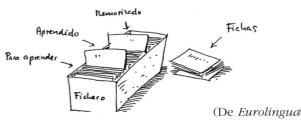

(De *Eurolingua*

Ejemplo 3

Nuestros errores nos enseñan

La utilidad del error

Usted aprende para conseguir algo. Y para conseguirlo tiene que cometer errores.

¿Recuerda, por ejemplo, cuándo aprendió a jugar al tenis, o a manejar un ordenador, o a ir en bicicleta, o a...?

Comente con su compañero esas primeras experiencias: los errores que cometió y cómo le ayudaron a aprender.

Opinando sobre los errores

Veamos lo que han escrito algunos alumnos sobre el "error". Subraye las ideas que le parecen más interesantes.

Me preocupa mucho cometer errores. Prefiero quedarme callado antes que decir algo mal. Sólo hablo cuando estoy totalmente seguro de hacerlo bien. DAVID

Creo que no importa si cometemos errores al hablar o al escribir; es normal, estoy aprendiendo una nueva lengua y no voy a hablar como un Premio Nobel de literatura. Lo importante es comunicarse, que te entiendan lo que quieres decir. HÉCTOR

En realidad no me preocupa cometer errores cuando escribo. La profesora me los corrige y nadie se entera, pero en clase es otra cosa. Cuando trabajamos en grupos o en parejas y tenemos que hablar, sólo digo frases muy cortas para no equivocarme. DORA

Hay momentos en que me gusta que me corrijan y me digan en qué me he equivocado y por qué, pero no siempre. Es decir: cuando estoy hablando sobre un tema que me interesa, si me corrigen luego no sé cómo seguir, me pierdo, me cortan la idea. No creo que sea necesario corregir cada palabra; prefiero que me dejen terminar la idea y después, si es necesario, pasar a analizar las cosas que he dicho mal. MARIO

Me gusta que siempre me corrijan cuando cometo errores, ya sean los compañeros o la profesora; si nadie me corrige ¿cómo voy a aprender? JULIETA

¿Y usted, qué piensa? ¿Cuál de las opiniones coincide con la suya? ¿Por qué? Coméntelo con su compañero.

Escriba un breve comentario con su opinión. Puede escoger las ideas más interesantes de ca
da uno de los párrafos anteriores.

¿Quiere que se lo corrija un compañero? ¿Quiere que se lo corrija el profesor? ¿Prefiere de
jarlo tal como está?

Para leer y practicar   Hemos visto lo que dicen los alumnos sobre los "errores". Vea
mos ahora lo que dicen las personas que se dedican a escribir so
bre este tema:

1	2	3
"Cometer errores es parte inevitable del proceso de aprendizaje en la adquisición de una segunda lengua". (Corder, *The significance of learners' errors*, 1975)	"Desconocimiento de los límites de una regla: tomamos una regla y la aplicamos a todos los casos, sin considerar que hay excepciones". (Richards, *A non-contrastive approach to error analysis*, 1971)	"Una causa frecuente de error es el estré asociado al hecho de hablar una lengu extranjera de forma imperfecta y a la po sibilidad de que uno se sienta ridículo rechazado por el grupo; esto nos lleva a tener muchas dudas, vacilaciones y co meter errores, en el momento de hablar" (Webber, University College of Botswana

Relacione las siguientes frases con los textos anteriores:

a) Si estamos nerviosos, ansiosos y tenemos temor de hablar la lengua, cometemos mucho
más errores.
b) Por ejemplo, un error que cometen los alumnos extranjeros que aprenden español, per
también muchos niños pequeños españoles, es decir "he escribido una carta", pues conside
ran a todos los participios como regulares: si de *vivir* es *vivido*, de *dormir* es *dormido* y d
escribir es *"escribido"*.
c) Al aprender una nueva lengua vamos a cometer, necesariamente, errores.

Trabaje con su compañero. Piensen ejemplos o casos que se han dado en su clase para ilus
trar las opiniones del ejercicio visto más arriba.

¿Cuál prefiere?   Coméntelo en grupos.

(De Eurolingua.

Ejemplo 4

¿Una memoria de elefante?

Técnicas de retención y activación de vocabulario

No todos recordamos lo mismo y de la misma forma.

¿Ha pensado usted alguna vez cómo recuerda mejor las nuevas palabras? Vamos a hacer un experimento: su profesor le dará diez palabras para aprender. Tiene tres minutos para memorizarlas. Puede trabajar solo, en parejas o en pequeños grupos.

Han pasado los tres minutos. ¿Cuántas palabras recuerda? Anótelas en una hoja de papel.

¿Que ha hecho para recordarlas?

¿Imaginarse una historia?
¿Asociarlas con una imagen?
¿Hacer frases con las palabras?
¿Repetir las palabras mentalmente?
¿Escribir las palabras?

Coméntelo con sus compañeros y anoten las diferentes técnicas que han usado.

Comente sus ideas con otros grupos. ¿Qué técnicas han dado mejor resultado?

Diferentes estrategias para recordar nuevas palabras

Lea lo que dicen estas personas sobre la forma como recuerdan el nuevo vocabulario:

Yo siempre escribo varias veces las palabras nuevas. Es la única manera de que se me queden en la memoria. (PAUL, francés)

Yo recuerdo mejor las palabras si las agrupo por temas. (MARGRIT, suiza)

Me interesa aprender y recordar aquellas palabras que se pronuncian igual o casi igual en italiano y en español, pero cuyo significado es totalmente distinto. Las escribo en mi cuaderno de "vocabulario" y pongo ejemplos para recordar la diferencia. (ANGELA, italiana)

Hago fichas con las nuevas palabras que me interesan. En cada ficha pongo una y debajo voy escribiendo ejemplos con esa palabra en diferentes situaciones o contextos, a medida que escucho sus diferentes usos. (MARIA, portuguesa)

En clase aprendemos cada día nuevas palabras pero a mí no me interesan todas. Sólo escribo en mi cuaderno las que quiero recordar. Por ejemplo todo lo relacionado con el campo de la política porque... (GUSTAV, alemán)

Prefiero traducir las palabras que me interesan a mi propio idioma. Hago en mi cuaderno listas en dos columnas: una en español y la otra en árabe. (ALI, árabe)

Yo también hago listas, pero siempre escribo un ejemplo al lado para saber cómo y cuándo se usan. No traduzco nunca las palabras. (GRETA, suiza)

Elija las tres estrategias que para usted son más interesantes. Discuta con su compañero las ventajas o inconvenientes que presentan algunas de las opiniones anteriores.

¿Coincide alguna de ellas con la forma en que usted trabaja habitualmente este tema?

Practiquemos algunas técnicas en concreto: grupos

Las siguientes palabras se han puesto en grupos. ¿Qué tienen en común para figurar en el mismo grupo?

A. pantalones - corbata - pañuelo - guantes
B. vestirse - llamarse - sentarse - peinarse
C. naranja - mermelada - bote - zumo
D. queso - parque - quemar - porque
E. plátano - uva - manzana - pera

¿Sus compañeros también han encontrado los mismos puntos comunes en cada grupo? Compruébelo.

Clasifique las siguientes palabra en grupos. Puede escoger tantos grupos como quiera. Antes es necesario que conozca el significado de todas las palabras. Consulte el diccionario o pregunte a su profesor.

pote	brillante	claro	cebolla
lata	música	botella	tomate	lechuga
arte	historia	tubo	apio
oscuro	geografía	pálido

Fíjese en los grupos que han hecho sus compañeros. Elijan entre toda la clase los tres:

a) más interesantes
b) más originales
c) más prácticos

Otras formas de clasificar: árboles

Fíjese en el modelo de "diagrama" que se presenta y haga árboles similares con las palabras que aparecen en los recuadros.

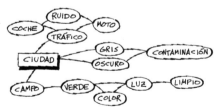

Trabajen en grupos de cuatro. Escojan una de las siguientes palabras y, por turno, agreguen todas las palabras que puedan. Trabajen en una hoja en blanco.

Cada palabra nueva que antes no conocían márquenla con un asterisco (*).

Busquen otro grupo que haya trabajado con la misma palabra y contrasten sus diagramas.

Propongan, entre todos, una nueva palabra para trabajar en casa.

(De *Eurolingua*.)

El aula de E.L.E.

*Uno de los papeles cruciales del profesor
es promover la autonomía del alumno.*

Contenidos

Consideraciones de orden teórico:

- El profesor en la enseñanza tradicional.
- El profesor y la enseñanza centrada en el alumno y en el proceso de aprendizaje.
- Algunos principios orientadores de la actuación del profesor.

Consideraciones de orden práctico:

- La interacción como motor de desarrollo de la competencia comunicativa y de aprendizaje.
- La negociación.
- El aprendizaje en cooperación.
- Tareas y sugerencias para el lector del libro.

Para empezar   Señale si está o no de acuerdo con estas opiniones, indicando el número correspondiente:

1= Estoy completamente de acuerdo.
2= Estoy parcialmente de acuerdo.
3= No estoy de acuerdo.
4= No es relevante.

	1	2	3	4
a) El profesor es la autoridad en la clase, tiene que controlar siempre la situación.	☐	☐	☐	☐
b) El profesor tiene que hablar sólo español durante la clase.	☐	☐	☐	☐
c) En la clase, las decisiones las tiene que tomar el profesor.	☐	☐	☐	☐
d) La cooperación (para la realización de las tareas, la corrección, las explicaciones, etc.) es un aspecto importante del aprendizaje en grupo.	☐	☐	☐	☐
e) Aprender de manera más efectiva significa también asumir la responsabilidad del propio aprendizaje.	☐	☐	☐	☐
f) Es el profesor quien tiene que decidir qué contenidos, qué áreas gramaticales y qué destrezas necesitan más trabajo.	☐	☐	☐	☐
g) La negociación con los alumnos sobre contenidos, tareas y actividades es parte integrante del curso.	☐	☐	☐	☐

 ¿Puede precisar cuáles son, a su modo de ver, las características del "papel del profesor" en una clase de enseñanza de idiomas? Compare su opinión con la de otros profesores de español.

1. ¿Por qué enfocar el papel del profesor?

Los objetivos de los alumnos son el camino de los profesores.

¿Quién es más importante, el profesor o el alumno? Los profesores de idiomas se ven en la necesidad de escoger entre una enseñanza que enfoque los contenidos y los objetivos generales habitualmente determinados por los libros de texto o el centro de docencia, o una enseñanza centrada en las diferentes necesidades e intereses de los alumnos.

.1 El papel del profesor en la enseñanza tradicional

Enseñanza centrada en los objetivos y contenidos, dirigida por el profesor.

La imagen del profesor tradicional puede resumirse en las siguientes preguntas y respuestas:

¿Qué se espera de un profesor? - ¡Enseñar!
¿Y qué se espera del alumno? - ¡Aprender!

El alumno debe cumplir con los programas, objetivos y contenidos, determinados y propuestos para "digerirlos" durante el curso de español. Desde esta perspectiva, la enseñanza del español es para el profesor una actividad premeditada, con sistema y orden preestablecidos y con un desarrollo controlable de antemano. Un profesor que se inclina hacia esta metodología opta por la sensación de que todo está bajo control en la clase, al desempeñar conjuntamente los papeles de especialista en los objetivos y contenidos de aprendizaje, y de autoridad del saber-cómo-y-por qué-hacer: él selecciona las tareas y los ejercicios, y los prepara para la clase. Durante el curso, el profesor habla sólo en la lengua meta, se sitúa frente a los alumnos, da instrucciones, controla, corrige, explica y es el único interlocutor del alumnado. Tradicionalmente, en una enseñanza con enfoque en los contenidos y objetivos, el profesor es el centro de las actividades de enseñanza y aprendizaje.

.2 El papel del profesor en una enseñanza centrada en el alumno y en el proceso de aprendizaje

En oposición a la enseñanza tradicional, en la que el alumno es consumidor pasivo de unos cuantos conocimientos elegidos por un profesor que se los expone en sus lecciones, ha encontrado común aceptación la perspectiva didáctica que concede al alumno el papel de eje central de las consideraciones didácticas, en torno al cual se ajustan la confección de los materiales y las actividades de clase preparadas por el profesor.

A partir de una enseñanza centrada en las necesidades e intere
ses de los alumnos, se ha abogado por conceder un papel im
portante a los mismos, y -para aumentar la angustia de cierto
profesores-, por entregarles las riendas sobre el propio aprendi
zaje, e integrarlos en las decisiones relativas a la selección de ob
jetivos, contenidos y actividades didácticas.

El temor del profesor a dejar de ser *el que sabe*, a perder algo de
su papel de director y autoridad que lleva a los alumnos a cum
plir con los objetivos lingüísticos y didácticos preestablecidos, e
sin duda alguna equivocado e injustificado.

Aprender: lo importante no es el objetivo sino el camino.

Para aprender un idioma extranjero de manera eficaz y con mo
tivación, es útil dejar de fijarse exclusivamente en los objetivos y
contenidos, y centrarse en el camino mismo hacia el logro de di
chos objetivos. La óptica didáctica y metodológica cambiarán
fundamentalmente en una situación de aprendizaje y enseñanz
en la que el enfoque ya no resida en el profesor, el manual, o lo
objetivos y contenidos preestablecidos, sino en el proceso de
aprendizaje.

No hay uno solo, sino varios caminos de aprendizaje que pueden ser igualmente correctos.

Tomar en consideración los caminos de aprendizaje de cad
alumno no significa perderse en el subjetivismo, sino iniciar l
comunicación en la clase.

Desde el punto de vista práctico, no le es posible a
profesor seguir el camino individual de cada alumno
en su proceso de aprendizaje. De ahí la importancia d
desarrollar la autonomía, de forma que cada alumno
sea su propio guía. Al conceder al alumno las rienda
sobre el propio aprendizaje, cabe, en consecuencia
aceptar las conclusiones y sugerencias de éste, e inte
grarlas en la programación de las clases de español.

Esta perspectiva didáctica y metodológica supone un im
portante cambio en el papel del profesor en el aula tra
dicional de español como lengua extranjera. El profeso
no deja de ser importante en el desarrollo de la clase, pe
ro cobra un nuevo protagonismo en la toma de decisio
nes a la hora de facilitar a un grupo de personas la rea
lización de su deseo de aprender español.

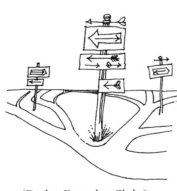

(De las Escuelas-Club.)

¿Qué se entiende por papel del profesor?

Las aportaciones y reflexiones comentadas hasta ahora, así como lo dicho en el capítulo *Autonomía y competencia comunicativa*, nos permiten concretar algunos principios rectores que nos ayudarán a definir el papel del profesor de lengua extranjera.

---

1 Algunos principios teóricos

El profesor ha de ejercer la enseñanza con una disposición didáctica y metodológica que facilite el desarrollo eficaz de la competencia de comunicación del alumno.

¿Cómo puede satisfacer el profesor de lenguas el gran deseo de los alumnos: comunicarse en español? La respuesta global es, sin duda, que el profesor propicie un ambiente de comunicación en el aula, y que fomente la competencia comunicativa en español practicando una enseñanza centrada en el proceso de aprendizaje de los alumnos.

El profesor debe combinar en su justa medida el aprendizaje lingüístico y las implicaciones comunicativas. Quiere esto decir que, para lograr sus objetivos, tiene que poner especial cuidado en la selección de aquellos temas que puedan despertar el interés de los alumnos. Esto deberá tenerlo en cuenta al seleccionar los textos de lectura, y al preparar las demás actividades de clase.

¿Dispone el profesor de medios para evaluar el carácter comunicativo de su enseñanza? Las preguntas que presentamos a continuación pueden servirnos de ayuda, además de constituir sugerencias prácticas para el desarrollo de la clase de idiomas.

 Cooperación y promoción de la autonomía

– *¿Propongo a los alumnos más de un texto o tema para discutir? ¿Los alumnos están interesados?*
– *¿Los alumnos hacen sugerencias para la selección del texto/ tema?*

– *¿Los alumnos hacen sus propias propuestas?*

– *¿Explico los motivos de mi elección?*

– *¿Comento las ideas con los alumnos?*

– *¿Propongo analizar los textos bajo la doble perspectiva de la cultura meta y la de los alumnos?*

– *¿Los alumnos reaccionan en función de sus experiencias y de sus sentimientos personales?*

– *¿Ayudo a los alumnos a expresarse (de forma oral o escrita) respecto a los textos y temas propuestos?*

– *¿Les doy la posibilidad de cooperar y debatir entre ellos sobre las diferentes opiniones con absoluta independencia?*

– *¿Los alumnos participan de forma activa en trabajos de grupo?*

 El comportamiento colaborador del profesor

– *¿Los alumnos se atreven a expresar sus ideas u opiniones en clase?*

– *¿Acepto sus opiniones y trato de incluirlas en la discusión?*

– *¿Los alumnos se atreven a expresarse libremente, aunque tengan dudas sobre la corrección de las frases enunciadas?*

– *¿Les ayudo a expresar sus propias ideas y las tolero?*

– *¿Los alumnos prestan atención a lo que dicen sus compañeros y están abiertos a las ideas de los demás?*

– *¿Tengo en cuenta la personalidad de cada alumno?*

 La interacción con el profesor y la evolución de la confianza en sí mismos de los alumnos a la hora de practicar la lengua meta

– *¿Los alumnos intentan expresar sus problemas y/o sus sentimientos en la lengua meta a pesar de las dificultades que puedan tener?*

– *¿Les ayudo a encontrar las expresiones adecuadas?*

– *¿Incito a los alumnos a ayudarse mutuamente?*

– *¿Los alumnos se ayudan mutuamente para expresarse de forma adecuada en la lengua meta?*

– *¿Les incito a trabajar de forma individual o en equipos de dos a ayudarse y corregirse mutuamente?*

– *¿Los alumnos utilizan diccionarios y otros materiales pedagógicos de forma autónoma?*

El aula de E.L.E.

– ¿Espero hasta que los alumnos hayan terminado de expresarse para corregirlos?

– ¿Muestro mi satisfacción cuando los alumnos han trabajado bien?

(Adaptado de SHEILS: *La communication dans la classe de langue,* Les éditions du Conseil de l'Europe, 1991.)

A partir de las respuestas a las preguntas anteriores y sus respectivas consecuencias, desgranaremos el perfil de una pedagogía de comunicación que fomente la autonomía en el aula de español como lengua extranjera.

 La promoción de la autonomía del alumno es una de las funciones principales del profesor de idiomas.

La "autonomización" del alumno, junto con una enseñanza que enfoque el proceso de aprendizaje y que tome en consideración las necesidades de comunicación de los participantes de un curso, traerán consigo unas consecuencias metodológicas peculiares para la docencia, el rol del alumno y el papel de los materiales didácticos.

El profesor logra la "autonomización" del estudiante mediante el desarrollo de la responsabilidad personal del alumno, de su participación activa en las actividades de clase y su independencia para organizar su aprendizaje dentro y fuera de clase, y al seguir sus estudios después de haber finalizado el curso de español. La clave metodológica para el logro de la autonomía es el principio de la **diferenciación en la enseñanza y el aprendizaje** *(véase también: "Guía práctica para desarrollar la autonomía en clase", capítulo I, pág. 31).*

 Una promoción eficaz y verdadera de la autonomía exige que el profesor abandone la autoridad tradicional y acepte el desafío de integrar la negociación en el proceso de aprendizaje.

Al llevar a la práctica la **"pedagogía de la negociación"**, el profesor, más que dedicarse simplemente a transmitir su saber, asiste con atención al proceso de aprendizaje. Él es responsable del progreso de sus alumnos, e intenta propiciar condiciones favorables para el libre desarrollo de cada uno en su propio proceso de aprendizaje. El profesor ha de ser competente en determinar un abanico de posibilidades disponibles, y poner en escena procedimientos que permitan a los alumnos una selección reflexionada. El profesor desempeña así la función de un experto de comunicación, no sólo de la lengua española, sino también en cuanto al control del aprendizaje en clase.

Mediante la "pedagogía de la negociación" se capacita a los alumnos para determinar de manera autónoma los objetivos, contenidos y procedimientos hacia un aprendizaje eficaz del español. Las consecuencias derivadas de este postulado para la práctica en clase las ilustraremos en el siguiente apartado. Aquí nos limitamos a aclararlo con una metáfora: "Por negociación se entiende la toma de conciencia sobre los objetivos que uno tiene al proponerse aprender español, para cotejarlos con los compañeros, encontrar el tronco común que responda a los intereses de todo el grupo, y buscar el modo de completar ese tronco común con las ramas que lo completan para dar con el árbol que responda a los objetivos personales." (E. Martín Peris). Lo mismo vale para los contenidos y la selección de actividades que haya que realizar de forma individual, en grupo o por parejas.

 El desarrollo de la autonomía y el estilo particular de aprender de cada alumno dependen de las iniciativas del profesor.

La defensa del alumno autónomo encuentra fuerte oposición en algunos sectores. Muy a menudo parece ser que esta hostilidad está basada en una noción falsa sobre lo que es autonomía y lo que entraña. La autonomía no es sinónimo de autodidactismo y autoaprendizaje. Dar autonomía al alumno no significa que el profesor abandone toda iniciativa y control en el aula.

Son las iniciativas del profesor las que, al acompañar a sus alumnos en el camino hacia un aprendizaje eficaz y motivado, los animan a que se comuniquen en español (aumento de la competencia comunicativa), y al mismo tiempo a que se comuniquen acerca de problemas referidos al proceso de aprendizaje (aumento de la competencia de aprendizaje).

 El papel del profesor en relación con el error es crucial para el desarrollo de la clase.

El error no es algo que deba evitarse a toda costa: por el contrario, cometer errores puede tener cierto sentido, y un efecto positivo sobre el proceso de aprendizaje.

Los integrantes de un grupo deben aceptar el error como parte indisociable del proceso de aprendizaje. El profesor ha de seguir los criterios de la enseñanza centrada en el aprendizaje y la comunicación, para decidir cuándo, qué y cómo debe corregir (para más informaciones *véase el apartado 3.2, El papel del profesor, del capítulo I, Gramática,* en **Profesor en acción 2**). Cabe señalar que el manejo de la corrección del error depende directamente del tipo de discurso que el profesor mantenga durante la clase.

 El discurso del profesor durante la clase es de importancia crucial, tanto para influir en el proceso de aprendizaje como para organizar las actividades.

La importancia del discurso, del tipo de lenguaje del profesor en la clase de idiomas, no se agota con saludar a los alumnos al inicio del curso y dar unas cuantas instrucciones y explicaciones gramaticales. El habla del profesor es el instrumento de mayor importancia, a través del cual logra sus objetivos o fracasa en su acción pedagógica. Mediante el manejo adecuado del discurso pedagógico, el profesor implementa las actividades y los ejercicios (instrumento de organización); su discurso es también una fuente de muestras de lengua meta para el alumno (instrumento de aprendizaje); y, a través del discurso, el profesor pregunta, controla, ayuda y corrige (instrumento de enseñanza). Como profesores, deberíamos tener conciencia sobre **qué, cuándo, cómo** y **cuánto hablar** durante el curso. Esto significa tomar conciencia de estos aspectos y observarse, por ejemplo, para descubrir cuánto habla uno realmente durante el curso. Las investigaciones lo demuestran: por lo general los profesores hablamos demasiado, sea para dar instrucciones, explicar ejercicios o formas gramaticales, corregir errores, repetir respuestas ya correctas de los alumnos (lo que nunca se haría en una situación de comunicación fuera de clase), etc.

 Cuando hablamos en la lengua meta es importante fijarse en usar un español elaborado y tratar de recurrir a la redundancia (repetición, paráfrasis), y no usar un español simplificado en gramática y vocabulario.

Este principio es fruto de una conclusión elaborada en Nunan (1991), basándose en los datos de una investigación sobre el habla del profesor. Se ha demostrado que el discurso del profesor en clase sufre a menudo las siguientes modificaciones:

- El ritmo del discurso es más lento.
- Las pausas son más frecuentes y más largas.
- La pronunciación tiende a ser más exagerada y simplificada.
- El vocabulario es más básico.
- Hay menos oraciones subordinadas.
- Los profesores suelen repetirse con más frecuencia.

El aula de E.L.E.

 ¿Y la lengua materna del alumno? Sería absurdo imponer una norma inflexible, según la cual en el aula no cabría otra lengua vehicular que la que se aprende.

En este caso, puede resultar útil el uso de la lengua materna para que los alumnos se sientan cómodos y seguros, o para facilitar la realización de determinadas tareas de aprendizaje que, por ejemplo, requieren el uso de términos y conceptos gramaticales que los alumnos no dominan en español. Esto no significa que el español no continúe siendo no sólo el objetivo del aprendizaje, sino también el vehículo de comunicación más importante en una clase de español. El aula es un espacio de comunicación e interacción entre un grupo de personas, y hay que aprovechar este potencial comunicativo al máximo para lograr el mayor rendimiento posible en la consecución del objetivo principal: aprender español.

2.2 Papeles más importantes del profesor

Los principios que acabamos de ver nos permiten delimitar algunos de los papeles fundamentales del profesor. El cuadro que podemos pintar nos muestra un profesor que practica una enseñanza centrada en el proceso de aprendizaje, que tiene en cuenta las necesidades de cada alumno al aprender español, y que apoya a los alumnos en sus esfuerzos por aprender a aprender español. Un resumen de los papeles más importantes del profesor en la enseñanza del español como lengua extranjera se encuentra, por ejemplo, en el plan curricular del Instituto Cervantes. "El profesor es:

> un **director**: establece condiciones idóneas para el aprendizaje;
> un **organizador**: planifica el desarrollo de la clase y elabora actividades;
> un **guía**: organiza el trabajo en clase y ayuda a solventar problemas;
> una **fuente de información**: proporciona información necesaria para la realización de actividades;
> un **evaluador**: analiza el progreso de los alumnos; reflexiona sobre la propia actuación;
> un **investigador**: investiga sobre las necesidades de los alumnos y analiza la dinámica del grupo."

El perfil que resulta de estos papeles es el de un profesor de idiomas cuya actuación en clase se fundamenta en una competencia comunicativa, una competencia formal-lingüística, una competencia didáctico-metodológica y una competencia social.

A nuevos papeles del profesor en clase corresponden nuevos papeles de los alumnos, que se harán protagonistas principales de sus procesos de aprendizaje. Se pide, ante todo, una toma de conciencia recíproca de los factores que determinan aprender español. Igualmente importante será la concienciación, tanto por parte del profesor como del alumno, sobre el papel de los materiales didácticos y la utilidad de una programación común entre alumnos y profesor.

3.   La actuación del profesor

3.1 Crear condiciones para la interacción

Las disposiciones didácticas y metodológicas de una enseñanza que facilite el desarrollo de la competencia comunicativa y la competencia de aprendizaje de los alumnos, tienen como objeto crear condiciones favorables para la interacción. La promoción de la interacción en el aula es una técnica mediante la cual se pone en escena la comunicación entre los alumnos.

Por comunicación, o por incrementar la competencia de comunicación de los alumnos, no sólo se entiende dar espacio a la expresión oral. Se trata más bien de poner en práctica una enseñanza integral, que abarque un acercamiento metodológico diferenciado en:

Para mayor información, ver listado en el capítulo Autonomía y competencia comunicativa, págs. 39-40.

- fomentar la reflexión de los alumnos sobre la **lengua como sistema formal** (competencia lingüística),

- desarrollar la reflexión sobre los **procesos de aprendizaje** (competencia de aprendizaje),

- entrenamiento en las cuatro destrezas, las estrategias sociolingüísticas, sociales, discursivas y afectivas.

Para el desarrollo de la interacción entre los alumnos y la promoción de la autonomía de cada uno, formulamos la siguiente tipología de actividades:

Actividades de interacción

Las actividades de interacción desarrollan la habilidad de los alumnos en las cuatro destrezas (leer, escribir, hablar, escuchar: *véanse los capítulos correspondientes de **Profesor en acción 3**)*, así como en las estrategias sociolingüísticas, sociales, discursivas y afectivas.

Se trata de actividades que entrenan la **competencia discursiva**, la **competencia estratégica** y la **competencia sociolingüística**, y que ejercitan a los alumnos en la práctica de la comunicación. El objetivo de las mismas es la consecución de determinadas metas mediante el uso del español. Al hacer esto, los alumnos no sólo están entrenándose en el uso de la lengua para los fines que le son propios, por ejemplo, conseguir que otros hagan alguna cosa, recabar información, manifestar sentimientos, etc. Se ven obligados a utilizar las mismas estrategias y recursos que habitualmente aplicamos en la comunicación en nuestra propia lengua para conseguir que dicha comunicación sea efectiva, por ejemplo: asegurarnos de que se nos entiende, pedir repeticiones o aclaraciones, etc.

Estas actividades se caracterizan por el éxito o el fracaso en la consecución del objetivo y, obviamente, por la utilización exclusiva del español para su realización. La mayor o menor perfección lingüística en este tipo de actividades es secundaria, en relación con la consecución del objetivo, y la corrección de errores lingüísticos llevada a cabo por el profesor en medio de la actividad, más que favorecer el aprendizaje, interfiere en su desarrollo.

Actividades que fomentan la reflexión

Utilizamos el término de **actividades de reflexión o de toma de conciencia** para referirnos a todas aquellas que se realizan de forma subsidiaria a las actividades de interacción. Distinguimos dos grupos de actividades:

a) Aquellas actividades que fomentan la **reflexión de los alumnos sobre la lengua como sistema formal**. Son actividades que entrenan la **competencia lingüística** y que tienen que ver con el dominio de reglas gramaticales, la pronunciación, la ortografía y la sistematización del vocabulario.

b) Aquellas actividades que desarrollan la **reflexión de los alumnos sobre el proceso de aprendizaje**. Son actividades que entrenan la **competencia de aprendizaje** y que giran en torno al control, planificación, evaluación y mejora del propio proceso de aprendizaje, y que caen en el ámbito de lo que hemos denominado "aprender a aprender".

La puesta en escena de las actividades de interacción y reflexión requiere una reorganización de la clase tradicional de acuerdo con algunos principios metodológicos *(véase capítulo I, Autonomía y competencia comunicativa):*

- **diferenciación** para responder a la heterogeneidad del alumnado;
- **transparencia** que ayuda al alumno a comprender el porqué, qué y cómo de las cosas que se hacen en clase;
- **integración de la opinión de los alumnos** en la selección de los contenidos lingüísticos y las formas de aprenderlos.

Una base crucial para llevar a la práctica dichos postulados es, ciertamente, la **"pedagogía de la negociación"**.

3.2 Dar espacio a la negociación

La pedagogía de la negociación

Aspectos de la "negociación":

• Los objetivos:
Desarrollar la toma de conciencia de los alumnos sobre por qué, qué y cómo aprender.
Desarrollar la toma de conciencia de los alumnos sobre el propio papel y el de los demás del grupo.
Desarrollar la toma de conciencia de los alumnos sobre el proceso de aprendizaje.
Desarrollar la toma de conciencia de los alumnos sobre el grado de comunicación alcanzado (autoevaluación).

• Las actividades:
Actividades cerradas o abiertas.
Actividades con enfoque sobre el proceso de aprendizaje o los contenidos y el producto.
Actividades conformes a los intereses y las necesidades de los alumnos.
Actividades de aprendizaje.
Actividades de interacción.

• Los materiales:
Selección de los contenidos lingüísticos.

Cuándo y cómo recurrir a materiales auxiliares (diccionario, gramática, etc.).

• Contribución de los alumnos:

Ideas y opiniones sobre el proceso de aprendizaje.
Emociones, actitudes, preferencias, valores.
Necesidades, intereses.
Experiencias, formación previa.

• Evaluación:

Objetivos.
Procesos.
Interacción social.

3.3 Fomentar el aprendizaje en cooperación

La aplicación de la comunicación interactiva y el entrenamiento de los alumnos en los diferentes aspectos mencionados depende directamente de las iniciativas del profesor.

El profesor, a fin de estar en condiciones de asumir los papeles de director, organizador o guía en el aula, ha de abandonar su posición tradicional de *ex cathedra*, frente a los alumnos o sentado en su mesa, y "ocupando" la mayoría del tiempo de la clase para su discurso pedagógico: explicar, corregir o intervenir con autoridad.

En el capítulo I, *Autonomía y competencia comunicativa*, hemos propuesto una *guía práctica para desarrollar la autonomía en clase*. Centremos ahora la mirada en los aspectos del manejo y la organización de la clase. El profesor, en su función de organizador, pone en escena una forma de aprendizaje que ya está ampliamente reconocida por su factibilidad y eficacia: el **aprendizaje en cooperación**.

El discurso del profesor como instrumento de gestión de la clase

Igual que un director, el profesor organiza y dirige los objetivos, los contenidos, los materiales, la disposición de la infraestructura del aula y a los participantes del curso, a fin de formar un conjunto procesual, dinámico y coherente. La cooperación entre todos es la base para lograr el objetivo terminal: el dominio del español. El instrumento primordial que está a disposición del profesor es la lengua. A través del habla, el profesor organiza e implementa las actividades, forma los grupos de aprendizaje, los coordina, aporta informaciones, da explicaciones, etc. Dentro del contexto del aula, el discurso del profesor es un instrumento de enseñanza, una fuente de aprendizaje y el instrumento de mayor alcance efectivo para la gestión del aprendizaje en cooperación.

Las actividades del aprendizaje en cooperación

Las principales formas del aprendizaje en cooperación son el **trabajo en pequeños grupos** y el **trabajo por parejas**, pero también el **trabajo individual**. La composición numérica de los grupos y la alternancia entre las diferentes formas dependen de las varias situaciones de enseñanza, los objetivos, contenidos e intereses de los alumnos. El desarrollo de fórmulas sociales y ritmos idóneos es un proceso entre profesor-alumnos y alumnos-alumnos.

El trabajo por parejas o en grupos aumenta la interacción alumno-alumno y reduce la duración del discurso profesor-conjunto de la clase. El aprendizaje en cooperación coloca al alumno en una posición central, y desmonta el esquema tradicional de la interacción comunicativa: iniciativa del profesor - respuesta del alumno - reacción-evaluación del profesor.

En resumen, la razón de ser y las **ventajas del aprendizaje en cooperación son**:

- Por un lado, cada alumno dispone de más posibilidades de práctica si existen varios grupos que trabajan simultáneamente. Cuando toda la clase forma un solo grupo, muchos alumnos se ven forzosamente reducidos al papel de observadores de lo que otros hacen; trabajando en pequeños grupos, todos los alumnos son protagonistas.
- Por otro lado, las tareas de interacción exigen una distribución de la clase en parejas o pequeños grupos, con el fin de posibilitar la activación de las diversas estrategias de comunicación necesarias para la consecución del objetivo fijado en la tarea.
- Finalmente, la distribución en pequeños grupos permite a los alumnos desarrollar un trabajo más personal, así como superar determinadas inhibiciones derivadas de la actuación ante un público más numeroso (el grupo de clase). Además, en el contacto que se establece en pequeños grupos para la realización de determinados tipos de tareas, muchas veces los alumnos se facilitan mutuamente aclaraciones y explicaciones que les ayudan a completar las del profesor y las del libro de texto.

El aprendizaje en cooperación es la forma por excelencia para llevar a la práctica con éxito y eficacia las exigencias didácticas y metodológicas de la diferenciación en la enseñanza.

El trabajo en grupo no sólo ofrece ventajas desde el punto de vista conceptual de la metodología, sino que también trae consigo **ventajas para el profesor**. La tradicional oposición profesor/alumno disminuye, y la responsabilidad está compartida entre ambos. Durante el trabajo de los grupos, el profesor no puede ni tie-

ne que estar atento a cada pregunta o incomprensión por par
de los alumnos. Son los alumnos mismos los que se ayudan un
a otros dentro de cada grupo. Lo mismo vale para la correcció
de trabajos por escrito; un grupo corrige, por ejemplo, las cart
de otro grupo. El profesor circula entre los varios grupos y está
disposición de cada uno de ellos y de cada alumno: según las n
cesidades de cada situación y de cada grupo, él asumirá el pap
de fuente de información, evaluador de los progresos, guía, el
La ventaja directa es que el profesor puede comprobar de cer
el progreso, posibles dificultades o problemas individuales, lo qu
le permitirá planificar con acierto los pasos sucesivos en la ens
ñanza.

Otra ventaja del trabajo en grupo es la posibilidad de estimula
animar y potenciar a los alumnos que tienen un nivel más baj
a los que tienen algún problema de comprensión o encuentra
dificultades.

La ventaja principal del aprendizaje en cooperación para el pr
fesor es, en resumidas cuentas, poder diferenciar la enseñanza
fin de individualizar y entrenar a cada alumno en sus estrategi
y técnicas de aprendizaje preferidas.

Depende directamente de las iniciativas del profesor poner e
escena un aprendizaje cooperativo en el aula, para que tod
saquen provecho de las ventajas de esta forma de organiz
ción. La autonomía no se puede enseñar: el saber-cómo-hac
por parte del alumno es fruto de la experiencia, resultado d
una interacción provechosa entre profesor-alumno y alumn
alumno.

4.   Tareas para el lector del libro

 Tarea

**Una clase de idiomas: un equipo de estudiantes
considerados individualmente**

Objetivos

* Elaboración del perfil de una clase de idiomas: la educación y los conocimientos, las motivaciones, los modelos cognoscitivos, etc., de los estudiantes, considerándolos individualmente.

* Examen de la unidad desde la perspectiva de los estudiantes concretos.

¿Cómo es su clase?

"Es una buena clase", éste es un comentario que se puede oír frecuentemente a los profesores. ¿Pero quién es *la clase*? Y, ¿qué se entiende por *buena*? ¿Que su nivel del idioma es bueno? ¿Que aprenden deprisa? ¿Que hacen lo que se les dice que hagan? ¿Que son unas personas agradables e interesantes? ¿Que trabajan bien juntos? ¿...?

¿Y qué es una clase *difícil*?

El perfil de una clase

Piense en la clase a la que le está impartiendo el idioma actualmente. Trate de pensar en ellos, no como en *una clase*, sino como en estudiantes concretos e individuales.

Trace un corto perfil de cada estudiante, enumerando alguna información sobre sus antecedentes y lo que sabe respecto a sus características, formas preferidas de trabajo, etc.

Aquí hay algunas preguntas que le servirán de guía:

–¿Cuántos años tienen? ¿Tienen familia? ¿Están trabajando? ¿En qué?
–¿Tienen algún interés, afición, habilidad particular?
–¿Por qué están aprendiendo el idioma?
–¿Cuál es su lengua materna?
–¿Han aprendido algún otro idioma?
–¿Asisten a clase regularmente?
–¿Hacen deberes en casa regularmente?
–¿Por lo general participan activamente?
–¿Pueden concentrarse en una tarea o se distraen y desaniman con facilidad?

–¿Prefieren trabajar individualmente, en parejas, en grupos, o toda la clase junta?
–¿Cooperan y ayudan?
–¿Tienden a ser dominantes o más bien silenciosos?
–¿Aprenden rápida o lentamente?
–¿Tienden a aproximarse al aprendizaje de un modo sistemático, o tienden más a la aproximación caótica o desorganizada?
– ¿Hay algo en lo que sean particularmente buenos o malos?
– ¿Prefieren ciertos tipos de actividades, por ejemplo, estímulos visuales, exámenes escritos u orales?

El aula de E.L.E.

¿Qué les puede Ud. ofrecer? - ¿Qué pueden aportar ellos?

Trabaje junto a un compañero que imparta el mismo idioma que tenga una clase de un nivel similar. Comparen los perfiles d sus estudiantes: ¿Hay similitudes?

Examinen una unidad que ambos vayan a impartir en clase pror to, pensando en los estudiantes concretos de sus clases:

- ¿Es probable que el tema les interese?
- ¿Piensan que uno o más estudiantes podrían aportar algún cc nocimiento experto, información importante sobre antecedente o experiencia a la unidad?
- ¿Es el enfoque del idioma de la unidad importante para sus ne cesidades?
- ¿Qué piensan que encontrarán fácil/difícil?
- ¿Son las actividades y ejercicios propuestos apropiados para su modelos de aprendizaje?
- ¿Son las tareas y las formas de interacción apropiadas para su modelos de trabajo?
- ¿Creen que alguien podría aportar alguna habilidad particula (dibujo, resumen, análisis de la lengua...) para que la tarea te minara con éxito?
- Al pensar en su clase como en un equipo, ¿cómo propondría formar los grupos? ¿Qué papeles sugerirían para cada uno de lc participantes?
- ¿Hay alguna tarea que adaptarían a los estudiantes considerár dolos individualmente, o en la que les ofrecerían alternativas?
- etc.

Contrasten las diferentes ideas. Después de haber impartido l unidad cada uno en su clase, intercambien las experiencias.

Contenidos

Consideraciones de orden teórico:

– Qué aspectos se deben tener en cuenta a la hora de organizar un programa.
– Algunos de los tipos de programas más significativos con los que nos encontramos hoy en la enseñanza de lenguas extranjeras.
– Conceptos prioritarios que hemos de plantearnos a la hora de programar actividades o unidades didácticas.
– Breve reflexión sobre la programación de una clase.

Consideraciones de orden práctico:

– El paso a paso de una unidad didáctica programada para hora y media de clase.
– Cómo autoevaluar una unidad didáctica.
– Ejemplo práctico de un plan de clase.
– Tareas y sugerencias para el lector del libro.

Para empezar   Señale si está o no de acuerdo con estas opiniones, indicando e número correspondiente:

1 = Estoy completamente de acuerdo.
2 = Estoy parcialmente de acuerdo.
3 = No estoy de acuerdo.
4 = No es relevante.

	1	2	3	4
a) Al programar una clase los profesores toman decisiones referidas a la selección y graduación de los objetivos y contenidos.	☐	☐	☐	☐
b) El objetivo del aprendizaje de un idioma es capacitar al alumno para hacer algo que antes no era capaz de hacer.	☐	☐	☐	☐
c) En todas las actividades de interacción no cabe otra lengua vehicular que la que se está aprendiendo.	☐	☐	☐	☐
d) Se debe dejar al alumno la capacidad de ir más allá de la información aportada por el texto, incluso de reconocer los objetivos del autor hacia su público.	☐	☐	☐	☐
e) En la programación de una unidad se deben tener en cuenta cuatro aspectos fundamentales: el sistema formal, la comunicación, el aspecto sociocultural y el aspecto "aprender a aprender".	☐	☐	☐	☐
f) Las actividades programadas para una clase deben ser variadas, flexibles y con un objetivo común transparente.	☐	☐	☐	☐

1.   ¿Por qué y para qué programar?

Podemos decir que "programa" es el conjunto de decisiones que adoptan los profesores a la hora de organizar las sesiones de clase, aplicando a un curso concreto las especificaciones de un plan curricular. Estas decisiones no se limitan a la selección y gradación de los objetivos y de los contenidos, sino que tienen que ver también con los procedimientos metodológicos y de evaluación.

1.1 Aspectos generales de una programación

A la hora de organizar un programa hay que tener en cuenta los siguientes aspectos:

a) El análisis de las necesidades

– ¿Quiénes son los estudiantes?
– ¿Cuáles son sus expectativas y necesidades?
– ¿Qué estilo de aprendizaje prefieren?
– ¿Cuáles son las limitaciones (tiempo, recursos...)?
– ¿Qué tipo de valoraciones posteriores se habrán de hacer?

b) Los objetivos

Descritos a partir de:

-- la conducta observable,
-- el desarrollo de las destrezas lingüísticas,
-- unos contenidos,
-- unas escalas de dominio de la lengua.

c) El diseño del programa

-- Diagnóstico de las necesidades.
-- Formulación de los objetivos.
-- Selección de los contenidos.
-- Organización del contenido.
-- Selección de las actividades de aprendizaje.
-- Organización de las actividades de aprendizaje.
-- Determinación de los elementos de evaluación.

Tipos de programa: Richards propone una lista que recoge algunos de los tipos de programas más significativos que podemos encontrar hoy día en el campo de la enseñanza de lenguas extranjeras. Aunque esta lista recoge los tipos generales, hay que tener en cuenta que son posibles las variantes de estos tipos, o bien la combinación de varios de ellos.

Tipos de programa

— **Estructural** (organizado fundamentalmente alrededor de la gramática y de modelos de estructuras).

— **Funcional** (organizado alrededor de funciones comunicativas como identificar, relatar, describir...).

— **Nocional** (organizado alrededor de categorías conceptuales como ubicación, cantidad, duración...).

— **Temático** (organizado alrededor de temas, como ropa, comida, salud...).

— **Situacional** (organizado alrededor de situaciones y todo lo asociado a ellas, como ir de compras, al supermercado, al banco...).

— **De destrezas** (organizado alrededor de destrezas, como leer para obtener información general, deducir reglas gramaticales, escuchar para obtener información específica...).

— **Basado en tareas o en actividades** (organizado alrededor de actividades, como seguir instrucciones, dibujar un mapa, etc.).

d) La metodología

Esta fase se centra en el tipo de instrucciones que llevaremos a cabo para poder llegar a los objetivos del programa. Una metodología apropiada no se puede predeterminar, ni tampoco imponer a los profesores y a los alumnos. Por ello, hemos de tener en cuenta:

— el enfoque o la filosofía que está tras el programa,

— el papel del profesor,

— el papel del alumno (la responsabilidad sobre su propio proceso de aprendizaje, su actitud en clase...),

— los diferentes tipos de actividades, tareas y experiencias que se emplearán en el programa,

— la práctica de procesos de comunicación en el aula,

— la transferencia de la práctica a situaciones reales de comunicación,

— los procesos psicolingüísticos: la negociación del significado y la adquisición de la lengua,

— el replanteamiento del error,

— el papel que desempeñan los materiales de enseñanza.

1.2 ¿Qué vamos a programar?

El objetivo del aprendizaje de idiomas es capacitar al alumno para hacer alguna cosa que antes no era capaz de hacer. Para conseguir este objetivo hemos de plantearnos una serie de conceptos que deben tenerse en cuenta a la hora de programar actividades o unidades didácticas. Estos conceptos podríamos resumirlos en los siguientes puntos:

– describir al **grupo meta**;
– enumerar las **situaciones** en las que la lengua extranjera se va a utilizar;
– considerar que en dichas situaciones se habrán de realizar unas **actividades lingüísticas**;
– y que ellas habrán de desempeñar unas determinadas **funciones lingüísticas**;
– que las funciones lingüísticas se harán con referencia a unos **temas**;
– y que en torno a dichos temas se habrán de manejar una serie de **nociones**, que a su vez tendrán unas **formas lingüísticas**.

2.   ¿Qué es programar actividades?

2.1 Algunos principios didácticos

▨▨▨   Actividades de interacción

En estas actividades, los alumnos se ejercitan fundamentalmente en la práctica de la comunicación; se pretende que el alumno consiga determinados objetivos comunicativos mediante el uso del español. Con ello, los alumnos no sólo están entrenándose en el uso de la lengua para los fines que le son propios (conseguir que otros hagan algo concreto, obtener información, expresar sentimientos...), sino que se ven obligados a utilizar las mismas estrategias y recursos que habitualmente aplicamos en la comunicación en la lengua materna (asegurarnos de que se nos entiende, pedir repeticiones o aclaraciones, modificar nuestro discurso de acuerdo con la reacción de nuestro interlocutor, etc.), para conseguir que dicha comunicación sea efectiva.

(Véanse también los capítulos I y II.)

▨▨▨   Actividades de aprendizaje

Todas las actividades que realizan los alumnos son, evidentemente, actividades de aprendizaje, pero utilizamos este término en sentido más restringido para referirnos a todas aquellas que se realizan en forma subsidiaria a las actividades de interacción, y que forman dos grandes grupos:

Programar actividades

– Aquellas que tienen que ver con el dominio de los aspectos formales del lenguaje, y que posibilitan la realización de las actividades de interacción. Sirven para introducir nuevos contenidos lingüísticos, o bien para reformar y perfeccionar el dominio de los ya introducidos.

– Aquellas otras que giran en torno al control, planificación, evaluación y mejora del propio proceso de aprendizaje, y que caen en el ámbito de lo que hemos denominado "Aprender a aprender".

Uso de la lengua materna

Es lógico que en el aula haya que aprovechar todas las oportunidades que se presenten para que los alumnos se comuniquen de forma espontánea e improvisada en español, más allá de lo que marcan las unidades didácticas. No obstante, hay que hacer dos observaciones:

Los alumnos forman un grupo de personas adultas, que toman sus propias decisiones, y que en determinados momentos pueden sentirse incómodos comunicándose en español, o tal vez cansados, o sencillamente incapaces de hacerlo. Es absurdo imponer una norma inflexible, según la cual en el aula no cabría otra lengua vehicular que la que se aprende.

Determinadas tareas de aprendizaje requieren el uso de términos y conceptos que el alumno no domina en español; la utilización de la propia lengua, a fin de permitir un entendimiento fluido y ágil, además de adecuado, de los conceptos que se están trabajando, puede llegar a ser absolutamente necesaria, sobre todo en los primeros momentos del aprendizaje.

Aprendizaje en cooperación

En las actividades se proponen a los alumnos ejercicios cuya realización exige un trabajo en parejas o en pequeños grupos. Las razones en que descansa una propuesta de este tipo son diversas:

El alumno dispone de más posibilidades de práctica si existen varios grupos que trabajan simultáneamente. Si la clase forma un solo grupo, muchos alumnos se ven reducidos al papel de observadores de lo que otros hacen; trabajando en pequeños grupos, todos los alumnos participan más.

Programar actividades

Las tareas de interacción exigen una distribución de la clase en parejas o pequeños grupos, con el fin de posibilitar la activación de las diversas estrategias de comunicación necesarias para la consecución del objetivo fijado en la actividad.

En las tareas de aprendizaje, la distribución en pequeños grupos permite a los alumnos desarrollar un trabajo más personal, así como superar determinadas inhibiciones derivadas de la actuación ante un público más numeroso (el grupo de clase entero). Además, en el contacto que se establece en pequeños grupos para la realización de este tipo de tareas, muchas veces los alumnos se facilitan mutuamente aclaraciones y explicaciones que les ayudan a completar las del profesor o las de los libros.

2.2 Algunos aspectos que considerar

Candlin y Nunan sugieren que las actividades se pueden graduar teniendo en cuenta aspectos de carácter cognitivo:

a) Atender y reconocer

Nos referimos a la capacidad que tiene el alumno para reconocer a qué tipo de *input* o experiencia tiene que enfrentarse; a la habilidad para darse cuenta de que se trata de una muestra.

b) Dar sentido

Aquí nos referimos a la capacidad que tiene el alumno para dar sentido a la experiencia como muestra particular del lenguaje. Puede así determinar, por ejemplo, de qué lenguaje se trata, sus rasgos, cómo se organiza y se estructura, cómo se clasifica y cuál es su esquema.

c) Ir más allá de la información dada

Nos referimos a la capacidad que tiene el alumno para ir más allá de la información aportada por el texto, haciendo hipótesis, inferencias y llevando a cabo valoraciones; por ejemplo, reconocer el significado de un texto más allá de lo superficial, comprendiendo los objetivos del autor hacia sus lectores.

d) Transferir y generalizar

El alumno es capaz de extrapolar de cualquier texto, sea cual sea su género, tipo o propósito, la información, y de transferirla a otros textos que pueden tener una estructura diferente. Hay que tener en cuenta también la capacidad de los alumnos para con firmar la información y buscar corroboración a través de otro medios.

3.   ¿Cómo programar actividades?

3.1 Selección de contenidos

El contenido de las unidades didácticas que vamos a programa se estructura en cuatro grandes campos: Sistema formal, Comu nicación, Sociocultura, y Aprender a Aprender. Todos ellos (o l mayor parte) están presentes en las unidades, pero uno solo d estos cuatro grandes campos constituye el peso específico de ca da unidad.

Sistema Formal

Este campo abarca todo lo relativo a la estructura del idioma: gra mática, vocabulario, ortografía, pronunciación, etc. Para su orga nización y desarrollo se toma como eje el campo de la comuni cación, no el del sistema formal; esto no quiere decir, si embargo, que este campo se considere irrelevante.

Comunicación

Este campo comprende todo lo relativo al uso que un hablant hace del idioma. Cuando hablamos no estamos simplemente en sartando palabras en frases, articulando significados que no tie nen una relación directa con lo que estamos viviendo en ese mo mento; cuando hablamos nos servimos de las palabras y de la frases para hacer determinadas cosas, como, por ejemplo, invita a unos amigos a pasar unos días en nuestra ciudad, o bien pedi perdón a alguien por la forma en que nos hemos comportado, tal vez justificarnos, etc.

Sociocultura

Para ser competentes en el uso de un idioma no basta con do minar los campos del sistema formal y de la comunicación: e necesario también familiarizarse con la vida y la cultura de la co munidad que habla ese idioma. Cada sociedad tiene unas determinadas reglas de comportamiento, que en muchos casos puede compartir con otras sociedades, y que en otros pueden ser específicas de ella sola.

Aprender a aprender

Se aspira a que los alumnos que trabajen con estos materiales no sólo aprendan español, sino que aprendan a aprender español de una forma más efectiva. Partimos de la idea de que el aprendizaje no se desarrolla a ritmo de horarios y relojes: se aprende durante la clase, pero también (y, a veces, de forma especial) fuera de ella. Y, sobre todo, hay que seguir aprendiendo al finalizar el programa; llegados a la última unidad del libro, los alumnos deben estar en condiciones de seguir perfeccionando su español.

3.2 Breve reflexión sobre la programación de una clase

En forma esquemática se plantea lo que consideramos que debe ser una programación definida en principios y elementos.

a) Principios básicos

Cuando programamos actividades hemos de tener en cuenta una serie de principios para que nuestras clases no sean monótonas o carezcan de interés por parte del grupo:

-- Podemos decir que si en una programación no hay **variedad** a la hora de planificar las actividades, el **interés** y la **motivación** por parte de los alumnos puede ser mínimo. Hay una expresión en español que dice que "En la variedad está el gusto". Hemos de tenerlo en cuenta a la hora de programar.

- Tenemos que ser **flexibles** para saber adaptarnos a cada momento y a cada situación.

- Las **secuencias de actividades** que programemos han de ir encaminadas hacia un objetivo común.

- El objetivo particular de cada actividad ha de ser totalmente **transparente**; muchos de los fracasos que se dan en el aula en determinadas actividades, vienen precedidos de una falta de transparencia en lo que el alumno ha de realizar.

Programar actividades

– Hemos de lograr una **combinación equilibrada** de técnicas de actividades y de materiales.

b) Elementos

Vamos a programar qué **objetivos** han de conseguir en una (o más), por ejemplo, de estas áreas:

– **Qué serán capaces de hacer** los alumnos al final de la clase, y que no eran capaces de hacer, no sabían o no podían antes de ella (por ejemplo: obtener por teléfono información sobre horarios de vuelos).

– **Qué conocerán** (por ejemplo: el vocabulario de los colores).

– **Qué sentimientos tendrán** (por ejemplo: menos tensión y ansiedad en los ejercicios de gramática).

Vamos a considerar qué **contenidos** van a ser necesarios en cada una de estas áreas:

– **Actividades** (por ejemplo: oír una canción, realizar un debate...).

– **Destrezas lingüísticas y sus micro-destrezas** (por ejemplo: lectura para obtener información de puntos concretos).

– **Tipos de prácticas lingüísticas** (por ejemplo: respuesta abierta, práctica libre).

– **Unidades lingüísticas** (por ejemplo, nocional funcionales: hacer una invitación; gramaticales: morfología y usos del condicional; léxicas: expresiones relativas al estado de ánimo, etc.).

– **Tema** (por ejemplo: los espectáculos, el transporte público...).

c) Secuencia y temporalización

– ¿Qué haré primero y qué haré después?

– ¿Qué actividades pueden ir en distinto momento y cuáles irán necesariamente en orden sucesivo?

– ¿Cuánto me llevará cada actividad?

d) Actividades comodín

Hemos de programar y tener previstas algunas actividades paralelas, ya que muchas veces nos sobra tiempo o, a veces, hay alumnos que terminan su actividad antes que otros.

3.3 Ejemplo de programación

Título	Le presento al Sr. Suárez
Contenido Comunicación	Fórmulas de presentación
Sistema formal	Pronombres personales: le/te, lo/la, tú/usted
Sociocultura	Comunicación no-verbal: saludos
Aprender a aprender	Descubrir una regla

Objetivos

1. Presentación y fijación del léxico relacionado con el ámbito de la unidad.

2. Práctica libre de los exponentes funcionales.

3. Presentación y fijación de los elementos lingüísticos: pronombres, contracción *al*, etc.

4. Comprensión auditiva: obtención de información precisa para cada una de las situaciones.

5. La comunicación no-verbal.

Vamos a trabajar el título de la unidad.

Objetivo: Predecir el contenido funcional.
Contenido: Le presento al Sr. Suárez.

FASE 1

Objetivos: Presentar los contenidos del ámbito temático.
Presentar elementos lingüísticos. Reflexión sobre los mismos.
Práctica interactiva.

Contenido: Formas para presentar a alguien y corresponder a la presentación. Pronombres personales. Presente de indicativo de *conocer*.

Programar actividades

Apoyos: Imagen y texto.

Actividad y organización de la clase: Trabajo individual y, a continuación, en grupos de tres.

Mecánica de trabajo: Primera toma de contacto en el ámbito de las presentaciones a nivel formal e informal. Explotación de la imagen.

Breve reflexión sobre el registro formal e informal. Verificar si se ha entendido todo.

Puesta en común de todo el apartado.

FASE 2

Objetivo: Consolidar los contenidos de los ejercicios anteriores.

Apoyos: Imagen y casete audio.

Mecánica de trabajo: Reflexión sobre cómo han llegado a esas conclusiones, cómo justifican el número que han puesto debajo de cada imagen.

FASE 3

Objetivo: Consolidar elementos lingüísticos.

Contenido: Pronombres personales, régimen preposicional del verbo *presentar*, contracción *al*.

FASE 4

Objetivos: La comunicación no-verbal.
             El elemento sociocultural.

Contenido: Situaciones formales e informales relacionadas con el ámbito de la unidad.

Mecánica de trabajo: Descripción de cada una de las fotografías.

Comentar cómo son estas costumbres en España y cómo son en el país del alumno.

Le presento al Sr. Suárez

¿Y hoy, qué vamos a hacer?

Presentar a alguien
Corresponder a una presentación

Paso a paso   ¿Cómo presentamos a alguien en español?

FASE 1   Mire esta imagen y lea lo que dicen las personas:

A: HOLA, SRA. SUÁREZ.
B: HOLA, SR. GUTIÉRREZ.
A: LE PRESENTO A MI HERMANA.
C: ENCANTADA DE CONOCERLA.
B: MUCHO GUSTO.

A: HOLA ANA. TE PRESENTO A MI MUJER.
B: ENCANTADA DE CONOCERTE.

A: ISABEL, LE PRESENTO AL SR. PÉREZ. ES EL DIRECTOR.
B: ENCANTADA DE CONOCERLO.
C: MUCHO GUSTO.

A: EL SEÑOR ANDRÉS.
B: ENCANTADO DE CONOCERLO.

A: ¿NO CONOCES A SUÁREZ?
B: NO, HOLA. ¿QUÉ TAL?
C: HOLA.

Presentaciones

a) Observe estas frases:

Le presento a mi socio [...]	¿No conoc**e** a mi socio? [...]
Te presento a Isabel [...]	¿No conoc**es** a Isabel? [...]

b) Escriba en la casilla el número correspondiente:

[1] Se tutean porque se conocen o son amigos o tienen confianza.

[2] Se tratan de "usted" porque no se conocen o no se tienen confianza.

Respuestas

a) Complete los bocadillos con el número correcto:

Encantado de conocerlo [1]
Encantada de conocerla [2]
Encantado de conocerla [3]
Encantada de conocerlo [4]

b) Hay otras formas en la imagen de la fiesta que corresponden también a una presentación y que no aparecen aquí. Anótelas a continuación:

....

....

¿Podría decir cuándo se utilizan?

Programar actividades

Generalmente, cuando presentamos a alguien, solemos dar más información:

a) Observe estos dibujos:

b) Fíjese en el artículo **el** y en la contracción **al** (a + el), en el segundo dibujo y en estas frases:

Le presento al Sr. Pérez.	Éste es el Sr. Pérez.
Le presento al Director.	Éste es el Director.

c) En grupos de tres: presente a sus dos compañeros, siguiendo el modelo de las imágenes.

Ya sabemos

FASE 2

Escuche estas conversaciones y escriba el número correspondiente debajo de cada imagen.

NÚMERO: _____   NÚMERO: _____   NÚMERO: _____

¿Practicamos un poco?

FASE 3   Complete estas frases:

1	2	3
A. Hola, Sr. Blanco, ... presento a mi señora.	A. Ana, ... presento .... Sr. Ruiz. Es .... director.	A. Carmen, te presento .... Juan.
B. Encantado de conocer ...	B. Encantada de conocer ...	B. Encantada de conocer ...
C. Mucho gusto.	C. Encantado de conocer ...	C. Hola, Carmen.

FASE 4

No sólo nos expresamos con palabras

Mire estas fotos y diga qué tipo de relación hay entre ellos:

(De *Eurolingua*.)

Autoevaluación de la unidad

1. ¿Sé hacer esto en español?

Marca con una X si la respuesta es Sí o No.

	SI	NO
1. Presentar a un amigo al director.	☐	☐
2. Presentar a una amiga a mi mejor amigo.	☐	☐
3. Responder a una presentación.	☐	☐
4. Explicar a un español cómo se saludan dos políticos en mi país.	☐	☐
5. Usar correctamente *a + el*.	☐	☐
6. Usar las formas del presente de indicativo del verbo *conocer.*	☐	☐
7. Usar correctamente *le/te.*	☐	☐
8. Usar correctamente *lo/la.*	☐	☐

¿Todos *sí?*   Esto va muy bien.
¿Algún *no?*   Para eso estamos aquí.

2. Vamos a ponerlo en práctica

Elige cinco puntos en los que la respuesta es *sí.*

Piensa en los ejemplos que darías para cada uno de los puntos.

Escríbelos en tu cuaderno.

¿Quieres practicar? Coméntaselos a tu compañero.

¿Quieres corregirlos? Consulta el libro.

Programar actividades

La muestra del plan de clase que presentamos a continuación está traducida y adaptada de Hamer.

A) Descripción del grupo

Alumnos adultos, de ambos sexos, diferentes nacionalidades y culturas, y diferentes ocupaciones.

Sesión diaria de dos horas.

B) Trabajo de las últimas sesiones

Finalizada la Unidad 1 del libro (*Esto funciona A*), en la clase anterior se introdujo la 2 y se trataron estos contenidos:

1. Vocabulario de servicios en un cámping (1.2.).

2. Comprensión de los exponentes funcionales: 2.10. (Quejarse, reclamar, protestar), 2.11. (Pedir un servicio para un momento determinado) y 2.12. (Preguntar por la existencia de un servicio).

3. Contraste gramatical: *No puede ser que* + presente subjuntivo / *¿Cómo es que?* + presente indicativo (3.5.).

C) Objetivos

1. Ampliación y fijación del vocabulario de servicios en hoteles.

2. Autonomía: Selección de vocabulario de interés individual.

3. Práctica libre de los exponentes funcionales de 2.10.

4. Refuerzo de los elementos lingüísticos: Presente de subjuntivo (4.6.), Perfecto de subjuntivo (4.7.) y su contraste (4.9.). Condicional simple.

5. Comprensión lectora: Obtención de información precisa sobre condiciones de servicios en hoteles y cámpings.

D) Contenidos

Introducción (3 minutos): Nueva audición de la grabación de 1.2. más ejercicio de comprensión (Libro de ejercicios A, 1.2.).

Objetivo 1º: (15-20 minutos)

a) Contexto: Plan de viaje en grupo a un determinado lugar.

b) Actividad y organización de clase: Los alumnos, en peque-ños grupos, se ponen de acuerdo para hacer un viaje de vaca-ciones a un destino de entre los que aparecen en 3.1. Deben le-er las instrucciones que se les dan en una ficha, y referirlas a la publicidad reproducida en el ejercicio.

c) Apoyos: Imágenes del ejercicio 3.1. más fichas que se les dan.

d) Lenguaje: Totalmente abierto.

e) Posibles problemas: Tal vez desconozcan no sólo los nombres de las ciudades, sino los de las provincias. Hay que asegurarse de que los conocen; conviene llevar por si acaso una transparencia con un mapa y la distancia en kilómetros desde el punto de partida.

Objetivo 2º: (5-10 minutos)

a) Contexto: El mismo que en Objetivo 1º.

b) Actividad y organización de clase: Trabajo individual, y a continuación en pequeños grupos. Elaboración de una lista (en la lengua materna) de servicios en hoteles, cámpings, etc., que les interesa particularmente conocer. Conversación entre ellos y con el profesor: "¿Cómo se dice en español una cosa que sirve para...?". Anotar en su cuaderno las palabras que han aprendido. Decidir sistema de fijación (equivalente en su idioma y/o frase ejemplificadora en español...).

c) Apoyos: Imágenes de 3.1. más transparencia con d) Lenguaje. Cuaderno y diccionario personal.

d) Lenguaje: "¿Cómo se dice en español una cosa que sirve pa-ra.../un lugar donde.../una persona que...?".

e) Posibles problemas: Falta de costumbre en este tipo de ejer-cicios. Explicarles su sentido y razón de ser.

Objetivo 3º: (25-30 minutos)

a) Contexto: El mismo que hasta el momento.

b) Actividad y organización de clase: En grupos, discuten y deciden exponentes para cada caso. Luego se leen ante la clase y el resto propone alternativas.
- Simulación: por parejas, uno es el cliente que reclama, y otro el empleado que le escucha. Previamente, agrupados según un mismo rol, deciden qué actitud van a adoptar, y cómo podrán enfrentarse a posibles actitudes alternativas del interlocutor. Luego se pasa al trabajo en parejas.

c) Apoyos: Imágenes de 3.1. más fichas que se les dan.

d) Lenguaje: El de 2.10., y cualquier otro que quieran utilizar.

e) Posibles problemas: Falta de conocimientos de vocabulario. Remitirles al objetivo 2º, y circular entre ellos por si tienen necesidades adicionales.

Objetivo 4º: (25-30 minutos).

a) Contexto: El mismo que hasta el momento.

b) Actividad y organización de clase: Trabajo individual completando:

- ficha con morfología de irregulares,
- ficha para observación de grupos de irregulares y mecanismo para memorizar.

Trabajo de toda la clase: puesta en común de las fichas.
Trabajo individual con el ejercicio 8 del Libro de ejercicios.

c) Apoyos: Fichas de trabajo.

d) Lenguaje: El de los apartados 4.6., 4.7. y 4.9.

e) Posibles problemas: Desconocimiento de irregularidades en el presente de indicativo. Desconocimiento de participios irregulares. Problemas de concordancia de participios.
Llevar fichas de trabajo individual para cada caso.

Objetivo 5º: (30 minutos)

a) Contexto: El mismo que hasta el momento.

b) Actividad y organización de clase: Trabajo colectivo de pre

lectura, guiada por preguntas del profesor, a partir del título del texto y de sus conocimientos del tema.
Trabajo individual de lectura, guiado por las preguntas del libro.
Ampliación de los contenidos trabajados en el objetivo 2º.

c) Apoyos: Ejercicio nº 1 del Libro de ejercicios.

d) Lenguaje: Comprensión del de este ámbito.

e) Posibles problemas: Falta de entrenamiento en este tipo de lectura. Pueden estar abrumados por encontrar demasiado léxico desconocido. Ejemplificar actividad lectora con alguna pregunta.

Alternativas y posibilidades:

Si muestran cansancio, aburrimiento o hastío del tema, se pueden introducir otros contenidos de la unidad, mediante la lectura del texto "Al pie de la letra", del Libro de ejercicios.

---

4. Tareas para el lector del libro

Tarea

A continuación tiene unas páginas de una unidad didáctica.

a) Tomando como ejemplo el plan de clase que tiene en las páginas anteriores, ¿cómo programaría esta unidad para sus alumnos?

b) Discuta y comente su programación con un compañero/compañera.

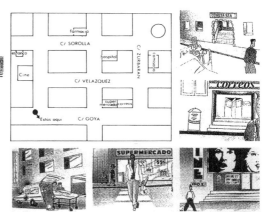

¿Hay una farmacia cerca?

Andrés: Perdone, ¿hay una farmacia cerca?

..   Sí, hay una cerca de aquí, en la calle Sorolla.

Andrés: Por favor, ¿cómo se va?

..   Sigue todo recto, coge la segunda calle a la derecha y luego la primera a la izquierda. Allí está.

Andrés: Gracias. Muy amable.

..   De nada.

¡Tienes la palabra!

En parejas: Pregunta a tu compañero por el supermercado, hospital, farmacia, estanco...

Ejemplo: A. ¿Hay un supermercado cerca?
B. Sí, hay uno en la calle...
A. ¿Cómo se va?
B. Sigues... coges...

¿Cómo voy a tu casa?

Andrés: ¿Vienes esta tarde a mi casa?
Juan: De acuerdo. Y, ¿cómo voy? ¿en metro o en autobús?
Andrés: Mejor en autobús. Coges el 16 y te bajas en la tercera parada, en la Plaza de España; atraviesas la plaza y al lado de un supermercado está mi casa.
Juan: ¡Qué lío! ¿Qué calle es?
Andrés: No es ningún lío. Es muy fácil. Es el número diez de la calle Leganitos.
Juan: Bien. ¿Y a qué hora voy?
Andrés: A las siete o a las siete y media.
Juan: Vale. ¡Hasta luego!

¡tienes la palabra!

Para ayudarte: A. ¿Cómo voy a tu casa?
B. en autobús
en metro
en taxi
andando
coges el autobús
te bajas en...

En parejas: A pregunta a B si quiere ir a su casa.
B contesta afirmativamente y pregunta dónde vive A.
A contesta.
B pregunta cómo va a la casa de A.
A contesta señalando un medio de transporte.
B pregunta a qué hora va.
A contesta.
A y B se despiden.

(De *Ven 1* Alumno.)

La enseñanza comunicativa mediante tareas

Contenidos

Consideraciones de orden teórico:

– Objetivo de la enseñanza mediante tareas.
– Enseñanza comunicativa y tareas.
– Enseñanza para la comunicación y mediante la comunicación.
– Qué se entiende por proceso de comunicación.

Consideraciones de orden práctico:

– Esquema de una tarea.
– Ejecución de una tarea: fases.
– Tareas y sugerencias para el lector del libro.

Para empezar Señale si está o no de acuerdo con estas opiniones, indicando e
número correspondiente:

1= Estoy completamente de acuerdo.
2= Estoy parcialmente de acuerdo.
3= No estoy de acuerdo.
4= No es relevante.

		1	2	3	4
a)	La enseñanza mediante tareas se centra en la forma de organizar, secuenciar y realizar las actividades de clase.	☐	☐	☐	☐
b)	Una buena enseñanza comunicativa practica acciones comunicativas y no estructuras gramaticales.	☐	☐	☐	☐
c)	Toda tarea propone la ejecución de una actividad representativa de las realizadas en el mundo externo al aula, mediante el uso de la lengua.	☐	☐	☐	☐
d)	En toda buena tarea lo único importante es su objetivo.	☐	☐	☐	☐
e)	Las tareas no son compatibles con la existencia de una programación establecida y la utilización de un manual.	☐	☐	☐	☐
f)	En una tarea se distinguen su objetivo, su estructura y su secuencia.	☐	☐	☐	☐

¿Por qué y para qué enseñar mediante tareas?

.1 Objetivo de la enseñanza mediante tareas

La enseñanza mediante tareas es una reciente propuesta de la didáctica de lenguas extranjeras, que se centra en la forma de organizar, secuenciar y realizar las actividades de clase. Esta propuesta surge en los últimos años como evolución y consolidación de los enfoques comunicativos.

En toda actividad de enseñanza (no sólo en la de lenguas extranjeras) hay cuatro preguntas básicas, de cuya respuesta depende en gran medida la forma que adopta el trabajo de todos los implicados en esa empresa: alumnos, profesores, responsables de planificación y programas escolares, autores de materiales didácticos, etc. Estas cuatro preguntas son:

- Qué objetivos se desea alcanzar; es decir, qué se espera que sean capaces de hacer los alumnos al final del programa, que antes no eran capaces de hacer.
- Qué contenidos hay que incluir en el programa, para que los alumnos desarrollen esa capacidad.
- Qué actividades realizarán los alumnos para la asimilación de esos contenidos y la consecución de esos objetivos.
- Cómo se comprueba que se van alcanzando los objetivos fijados y que las actividades programadas son eficaces.

Tradicionalmente, los profesores y los alumnos han tenido muy poca participación en la toma de decisiones acerca de los objetivos y de los contenidos de sus cursos, que suelen venir marcados por el programa de estudios y estar recogidos en los libros o materiales de trabajo; más capacidad de intervención suelen tener para intervenir en la organización de las actividades del aula, a tenor de su mayor o menor interés en configurar las sesiones de clase de acuerdo con criterios personales: así, mientras unos pueden seguir al pie de la letra las páginas del libro, otros las utilizan de una forma más personal; al hacerlo, actúan de acuerdo con su propia respuesta personal a la tercera pregunta. En cuanto a la cuarta pregunta, la práctica general ha consistido en comprobar al final del proceso, y a veces en tramos intermedios, la eficacia en la asimilación de los contenidos.

La enseñanza mediante tareas se caracteriza por lo siguiente:

- Nace de un replanteamiento acerca de estas cuatro preguntas, y se presenta como una propuesta de integración de esos cua-

tro ámbitos de la enseñanza -*objetivos, contenidos, metodologí,
y evaluación*- en una nueva aproximación didáctica.

– Incorpora en la toma de decisiones acerca de cada uno de lo
cuatro ámbitos la aportación de los protagonistas del aprend
zaje: profesores y alumnos.

– Se desarrolla como una profundización y consolidación de l
orientación comunicativa en la enseñanza de idiomas.

– Se halla en estrecha relación de dependencia con una deter
minada concepción de lo que es hablar una lengua, así com
de los procesos de aprendizaje implicados en el desarrollo d
la capacidad de usar una lengua diferente de la que se adqu
rió como primera lengua en la infancia.

1.2 Enseñanza comunicativa y tareas

*Señale cuál de las siguientes afirmaciones se corresponde con s
opinión acerca de lo que es una enseñanza comunicativa:*

– El programa se compone de unas nuevas unidades lingüística,
que algunos llaman nociones y funciones; la gramática y el vc
cabulario se introducen a tenor de las exigencias de estas nue
vas unidades.

– Las prácticas de lengua en el aula no se realizan por sí misma
sino en relación con la consecución de algún propósito, a ima
gen de lo que sucede en el mundo externo al aula.

– Los alumnos practican acciones comunicativas (invitar, preser
tar disculpas, pedir información...) y no estructuras gramatica
les (oraciones de relativo, pronombres posesivos...).

– En el aula se puede observar una intensa actividad oral por pa
te de los alumnos que hablan en parejas y pequeños grupos.

– *Dé su propia definición, si ninguna de las anteriores le satisfac*
....

En realidad, todas ellas tienen alguna relación con el aprendiza
je comunicativo de la lengua. Sin embargo, conviene tener pr
sentes los siguientes puntos:

– La comunicación -tanto en el aula como en la vida cotidiana
no se limita a los intercambios orales. Existe comunicació
cuando leemos un texto (el editorial de un periódico, una nc
tificación escrita de nuestra entidad bancaria o de nuestr
ayuntamiento...), cuando lo escribimos nosotros (una nota co
el contenido de un mensaje telefónico que hemos tomado p;
ra alguien que trabaja con nosotros y estaba ausente cuando s
ha producido la llamada, una carta o una tarjeta que enviamc
a nuestros amigos..), y cuando sólo escuchamos (un program
de radio, un discurso en una asamblea...). Muchas veces la

distintas destrezas se presentan de forma combinada: por ejemplo, podemos estar escuchando a un conferenciante y tomando notas de lo que dice (e incluso podemos estar leyendo un esquema que el conferenciante ha proyectado en una pantalla).

– Fuera del aula siempre usamos la lengua para conseguir algún propósito. En los índices de la mayor parte de los libros de texto que se publican, esos propósitos están formulados como nociones y funciones: obtener información, presentar a un amigo, pedir disculpas... Pero el uso de la lengua en el mundo externo al aula no se detiene ahí: obtenemos información porque la necesitamos para algo, presentamos a un amigo en relación con una determinada situación, pedimos disculpas porque hemos perjudicado a alguien. Esto quiere decir dos cosas:

• La primera, que toda actividad lingüística está orientada por el interés que nos guía al realizarla; de modo que, por ejemplo, antes de exponernos al texto (oral o escrito), tenemos una idea previa de lo que queremos, y al enfrentarnos a él lo hacemos con unas estrategias de búsqueda y de atención.

• La segunda, que una vez que hemos obtenido esa información, no la aparcamos en nuestra mente, como en un cajón o en el cesto de los papeles. Generalmente nos servimos de ella en nuestros esfuerzos ulteriores por la consecución de nuestro propósito.

– La comunicación en el aula no está garantizada por la utilización de programas y materiales que hayan sido concebidos sobre la base de unidades nocional-funcionales. Cuando hablamos de comunicación, no podemos dejar de considerar que, a diferencia de la gramática, el vocabulario, la fonética -es decir, los contenidos de los programas-, que son sistemas estáticos, la comunicación es un proceso dinámico. En otras palabras: para asimilar los contenidos podemos hablar sobre ellos, podemos estudiarlos y practicarlos; para desarrollar la comunicación es preciso ejercitarla. Los contenidos forman parte de nuestros conocimientos; la comunicación se relaciona con nuestras capacidades. En el desarrollo de la enseñanza comunicativa se dio un primer paso, que consistió en sustituir unos contenidos lingüísticos -las estructuras gramaticales- por otros -las nociones y las funciones. Éstas permiten a los alumnos establecer una relación entre las formas de la lengua y la comunicación; pero por sí mismas no representan procesos de comunicación. Esos procesos encuentran un medio ideal de realización en las tareas.

2.   Tareas y procesos de comunicación

2.1 Actividades y tareas

¿Cómo son las actividades que realizan los alumnos?
Veamos unos ejemplos de ejercicios de clase.

Vamos a analizar los ejercicios de las páginas siguientes. Marqu
la respuesta (A) o (B) en cada ejercicio y para cada una de le
preguntas.

Para realizar estos ejercicios los alumnos:

Ejercicios

<u>1</u> <u>2</u> <u>3</u> <u>4</u>

a) pueden atender únicamente a la forma
   lingüística; pueden prescindir de lo que
   las frases significan (A), o bien, necesitan atender al significado de las frases
   (B);

b) van a producir necesariamente las mismas frases (A), o bien pueden producir
   frases diferentes (B);

c) pueden practicar las frases al margen
   de lo que ellos piensen (A), o bien, re-
   flejan sus opiniones o sus puntos de
   vista (B);

d) si cometen errores, puede afirmarse
   que no se ha conseguido el objetivo
   del ejercicio (A), o bien, el objetivo del
   ejercicio se puede alcanzar aun cuando
   cometan algunos errores (B);

e) la respuesta del compañero es indife-
   rente (A), o bien, la respuesta del compañero es necesaria para continuar con
   el resto de las actividades (B).

1. Para leer y hablar

Lea lo que dicen y diga si usted opina igual.

En mi opinión

> *Los españoles son iguales ante la ley, sin que pueda prevalecer discriminación alguna por razón de nacimiento, raza, sexo, religión, opinión o cualquier otra condición o circunstancia personal o social.*

1. Pedro Marquina ha dicho: "España es uno de los pocos países donde no hay apenas discriminación". ¿Está usted de acuerdo?
2. ¿Qué piensa usted de los toros?
3. ¿Cree que los políticos son sinceros?

Pablo Hervás, 13 años, estudiante

1. No estoy totalmente de acuerdo. A veces sí hay discriminación con los gitanos.
2. A mí me parece que el toreo es una crueldad, porque los toros tienen derecho a vivir. Creo que hay que prohibir el toreo.
3. No, porque cuando hay elecciones siempre dicen: "haré esto, haré lo otro", y luego no cumplen lo que habían prometido.

Susana Pérez, 36 años, psicóloga

1. Sí, estoy de acuerdo con Pedro Marquina; creo que no hay un sentimiento general de discriminación, aunque hay pequeños incidentes aislados.
2. A mí me gustan los toros por su colorido, su arte, el espectáculo, pero también me parece cruel matar a un animal indefenso.
3. En principio sí, lo que pasa es que algunas personas son débiles y se dejan influenciar.

Antonio Suárez, 68 años, jubilado

1. No estoy de acuerdo. Ahí están, por ejemplo, los gitanos, es una raza distinta y difícil de comprender...
2. A mí me gustan mucho, porque el toro está unido a España, forma parte de la idiosincrasia del pueblo español. Yo no voy a la Plaza de Toros, pero me gusta verlos por la tele.
3. Yo creo que sí. Es verdad que hay algunos políticos que no lo son, pero en general, son sinceros.

(De *Ven* 2 Alumno.)

2. Practica con tu compañero según el ejemplo

Ejemplo:

A: Entra, por favor.
B: ¿Cómo dices?
A: Que entres.

1. A: Mira esta revista.
   B: ...
   A: ...

2. A: Espera 5 minutos.
   B: ...
   A: ...

3. A: Apaga el cigarrillo.
   B: ...
   A: ...

4. A: Come un poco más.
   B: ...
   A: ...

5. A: Bebe un poco de vino.
   B: ...
   A: ...

6. A: Sal en seguida.
   B: ...
   A: ...

(De *Vamos a ver*

3. Pide consejo

1. A un amigo que entiende mucho de cine,
   una película para ver:

   El perro andaluz, de Buñuel.
   El imperio de los sentidos, de Oshima.
   Carmen, de Saura.
   La guerra de las galaxias, de Lucas.

2. A un español que encuentras en el avión,
   una zona española para pasar las vacaciones:

En las Rías Gallegas.
En la Costa del Sol.
En Madrid.
En los Pirineos.

3. A un profesor chileno de literatura,
   una novela hispanoamericana:

   Cien años de soledad, de García Márquez.
   Rayuela, de Cortázar.
   El siglo de las luces, de Carpentier.
   El Aleph, de Borges.

4. A un amigo médico,
   un regalo para un médico:

   Una pluma.
   Un encendedor.
   Un alfiler de corbata.
   Una botella de whisky.

5. A alguien que conoce muy bien la ciudad,
   un restaurante típico:

   De cocina vasca.
   De cocina argentina.
   De cocina castellana.
   De cocina mejicana.

(De *Esto funciona A.*)

4. Pon los verbos en la forma adecuada

Ejemplo: (PERDER) el avión. (LLEGAR) mañana. **"Hemos perdido... llegaremos..."**
a. Este verano (ESTAR) en Marruecos. (IR) con unos amigos. Me lo pasé muy bien.

b. Lo siento. El señor González no está, (SALIR). (VOLVER) dentro de una hora.

c. ¡Hola, Juan! ¿Por qué (LLEGAR) tarde? ¿No (OÍR) el despertador?

d. – ¿Qué (HACER) este fin de semana? (vosotros).
   – El sábado (ESTAR) en el zoológico con los niños. Nos lo pasamos muy bien.

e. – ¿(ESCRIBIR) ya las postales?
   – Todavía no. Las (ESCRIBIR) esta tarde.

(De *Ven* 1 Alumno.)

5. Para hablar

Completa la conversación entre la señora y su agente de viajes con ayuda del folleto turístico

Sra.: ¡Buenos días!

Agente: ¡Buenos días!, ¿en qué puedo servirle?

Sra.: Quería información sobre un viaje a Perú.

Agente: ....?

Sra.: En julio. ¿Qué días tiene las salidas?

Agente: ....?

Sra.: Muy bien, pues el día 5 me iría bien. ¿En qué hoteles nos hospedaríamos?

Agente: ....?

Sra.: ¿Tienen baño las habitaciones?, eso es muy importante.

Agente: ....?

Sra.: ¡Ah...! Y, ¿cuánto nos cuesta en total? Somos dos.

Agente: ....?

Sra.: ¡Qué barbaridad! Yo pensaba que era más barato. ¿Es que está incluida la comida?

Agente: ....?

Sra.: Bueno, me lo pensaré. Gracias por la información.

FECHAS DE SALIDA

Abril: 05, 19	Septiembre: 06, 13
Mayo: 03, 12, 17	Octubre: 04, 18
Junio: 14, 28	Noviembre: 01, 15
Julio: 05, 19	Diciembre: 06, 27
Agosto: 09, 30	1990

Temporada Alta: Julio-Agosto-Septiembre.

INCLUYE

* Billete de avión, vuelo de línea regular, clase turista.
* Habitaciones dobles con baño.
* Régimen de alojamiento y desayuno. Media pensión durante los días 3º, 5º y 6º del programa.
* Traslados y visitas incluidos en programa con guía local.

DOCUMENTACIÓN: Pasaporte en vigor.

HOTELES

Lima: Sheraton (Lujo).
Cuzco: Libertador (1ª Cat. moderado).
Puno: Esteves (1ª Categoría).
Descripción Hoteles: Págs. 22 y 23.

PRECIOS POR PERSONA

(Mínimo 4 personas)	
Desde Madrid	**235.000 Ptas.**
Supl. desde otros puntos	6.000 Ptas.
Supl. Hab. Indiv.	25.000 Ptas.
Sup. Temp. Alta (01/7 al 30/9)	17.000 Ptas.
Supl. salidas individuales (menos de 4 pax)	10.000 Ptas.
Tasas de aeropuerto a pagar directamente por los Sres. pasajeros (aprox.)	22 $

(De *Ven* 2 Alumno.

Valoración de las respuestas dadas a los ejercicios

Cuantas más veces aparezca la respuesta A, menos rasgos propios de una enseñanza comunicativa contiene la actividad; y, a la inversa, cuantas más B haya, más se aproxima la actividad a lo que es una enseñanza comunicativa.

Para decidir acerca de los puntos 1-4 nos bastará con observar la actividad en sí misma; ahora bien, para poder decidir acerca de punto 5 es necesario observar otras actividades que puedan aparecer con posterioridad a ella.

Esto es lo que caracteriza a las tareas: todo lo que se realiza en la ejecución de la tarea tiene su razón de ser en algo más que la mera práctica de un componente de la actividad lingüística; todo ello se relaciona con la elaboración de un determinado producto, elaboración en la cual es necesario utilizar la lengua que se está aprendiendo. En ese sentido, todas las actividades que hemos analizado pueden formar parte de una determinada tarea (que las engloba), en la medida en que constituyan pasos previos necesarios para la realización del cometido en que consista esa tarea.

Por componente de la actividad lingüística entendemos las unidades que componen los distintos planos en que se puede analizar la lengua: la pronunciación, el vocabulario, las formas y estructuras gramaticales, las nociones y funciones, los distintos textos (orales y escritos) que pueden tener que entender o producir los alumnos, etc.

2 El porqué de las actividades

Vistos el **qué** y el **cómo** de las actividades de clase, podemos preguntarnos acerca del **porqué**: ¿por qué precisamente esas actividades y no otras? Y también: ¿por qué en ese orden y no en otro? Y una pregunta importante: ¿Qué interés despierta en los alumnos la realización de la actividad, más allá de su posible relación con el interés general que puedan tener en alcanzar el objetivo último, aprender español? El **porqué** se relaciona no sólo con los objetivos del programa, sino también con el tema de la actividad (la comunicación y la práctica lingüística no se realizan nunca en abstracto, tienen siempre un tema sobre el que versan), y con los procesos que -se supone- mejor promoverán el aprendizaje.

Aún es mucho lo que falta por saber acerca de los procesos de aprendizaje de una lengua extranjera, así como acerca de la facilidad o dificultad que pueda representar el aprendizaje de determinados elementos de la misma. Sin embargo, con frecuencia se han aceptado, dándolos por buenos, determinados principios de organización del contenido de aprendizaje, y se han excluido otros, dándolos por malos. Así, por ejemplo, se creía que la dificultad o facilidad en el aprendizaje de un elemento se correspondía con su dificultad o facilidad en describirlo. También se consideraba que el error era un fenómeno dañino que podía interferir gravemente en la formación de buenos hábitos, y se insistía mucho en su prevención, para evitarlo a toda costa.

En las orientaciones anteriores a las propuestas comunicativas s
había partido de diferentes criterios para la selección de los cor
tenidos de aprendizaje. Aunque hubo muchos enfoques, el má
generalizado era éste:

- Un análisis estructuralista de la lengua facilitaba unas estructu
  ras que se consideraba que los alumnos debían dominar,
- un estudio de frecuencia de vocabulario suministraba listas d
  vocabulario básico que se debía conocer,
- una consideración de las diversas situaciones de comunició
  que se tenían por más frecuentes, proporcionaba los contexto
  en los que se presentaban esas estructuras y ese vocabulario.

La selección de contenidos que se realizaba de ese modo, esta
ba orientada a los conocimientos que se deseaba que los alum
nos alcanzaran. Para su organización y secuencia no existían a
gumentos definitivos, pero sí una práctica basada en el principi
que hemos mencionado, de que lo que es fácil de describir re
sulta fácil de aprender.

Si la selección de los contenidos se efectuaba sobre la base d
un análisis estructuralista de la lengua, la metodología de traba
jo se relacionaba con una teoría psicológica concreta. La que tu
vo más fuerza fue la orientación conductista, que insistía en la re
petición y formación de hábitos para la adquisición de l
capacidad de uso. Testimonio de la influencia que esa teoría eje
ció son los numerosos ejercicios que podemos encontrar en lo
manuales de los años 60, consistentes en frases en las que lo
alumnos deben realizar substituciones y transformaciones, o bie
en la práctica repetitiva y más o menos mecánica, sobre un es
quema de estímulo-respuesta, de diálogos y conversaciones.

2.3 Enseñanza para la comunicación y aprendizaje mediante la comunicación

Enseñanza para la comunicación

En los años 70 se produce el abandono de los criterios de fija
ción de objetivos y de selección de contenidos basados única
mente en el conocimiento de las formas y las estructuras de l
lengua que los alumnos debían dominar.

Los objetivos de los programas de aprendizaje empiezan a defi
nirse en términos de comportamiento: se refieren a las accione
que el alumno será capaz de realizar sirviéndose de la lengu
que ha aprendido. Es el momento en que aparecen los Nivele
Umbral, publicados por el Consejo para la Cooperación Cultura
del Consejo de Europa; se trata, como su nombre indica, de l
definición de un nivel de dominio de la lengua, establecido e

términos de comportamiento que pueden ser comunes a cualquier lengua: ser capaz de manifestar su opinión personal sobre un determinado tema en una determinada situación, con más o menos firmeza y con mayor o menor grado de formalidad y cortesía, son categorías aplicables a cualquier lengua.

No puede afirmarse que la finalidad que se planteaban las orientaciones anteriores a la comunicativa fuera una finalidad diferente: siempre se han enseñado y aprendido lenguas con la finalidad de poder llegar a comunicarse en ellas. Lo cierto, no obstante, es que no habían llegado a formular los objetivos del programa en términos de comportamiento. De modo que podemos afirmar que con los Niveles Umbral nace una propuesta, transversal a todas las lenguas europeas (en España no sólo el castellano dispone de un Nivel Umbral publicado, también el catalán, el gallego y el vasco), que progresivamente iban incorporándose al modelo, de enseñar lenguas *para la comunicación*.

Así, la selección de objetivos -fijados ahora en términos de comportamiento- no es arbitraria, sino que, al contrario, se deriva de las situaciones en que previsiblemente se encontrará el alumno, y del papel social que asumirá en esas situaciones. El Nivel Umbral se considera el más general de los diversos niveles que se pueden llegar a definir, correspondiente a aquellos europeos que tendrán contactos ocasionales como viajeros en otros países distintos del suyo. Luego pueden definirse (y, de hecho, para varias lenguas se han definido ya) otros niveles, generales o específicos, como los que se requieren para desempeñar diversas funciones: en el trabajo, en los medios de comunicación, etc.

De esa fijación de objetivos se desprende una nueva definición de unidades lingüísticas, resultante de una nueva perspectiva en el análisis de la lengua; la nueva perspectiva es la pragmática, que analiza la lengua como actuación, en un plano que no excluye, sino que integra los anteriores: el fonético, el gramatical y el semántico; las nuevas unidades son las nociones y las funciones, que constituyen las listas de los Niveles Umbral, y que también son comunes a las diferentes lenguas. Estas nuevas unidades (p. ej.: Dar y pedir información, realizar invitaciones, aceptarlas y declinarlas, etc.) no están ligadas a una única forma lingüística. De hecho, los hablantes realizan tales acciones lingüísticas de formas múltiples e imprevisibles. Sin embargo, es posible encontrar en cada lengua las estructuras sintácticas y las unidades de vocabulario con las que más comúnmente se pueden realizar las nociones y funciones. Así es como se llega a aislar los contenidos lingüísticos de la comunicación, que ya son específicos de cada lengua.

En cuanto a la metodología, no se realiza ninguna propuesta concreta. De hecho, lo que encontramos en los libros y las clases basadas en esta orientación son técnicas y procedimientos de trabajo parecidos a los anteriores, junto con algunas modalidades nuevas, que surgen como más apropiadas al trabajo de los nuevos contenidos.

Estos nuevos planteamientos conducen necesariamente a una nueva secuencia de los contenidos lingüísticos, incompatible con la estructuralista. Los índices de los libros que se publican presentan los contenidos estructurales y de vocabulario dispersos y fragmentarios, a medida que las nuevas unidades de organización del material -las nociones y las funciones- exigen su presencia.

Aprendizaje mediante la comunicación

La aparición de los enfoques comunicativos (y usamos el plural, porque hubo varios; el Nivel Umbral no fue más que una manifestación de uno de ellos), supuso la reconsideración de una gran cantidad de cosas. Una de ellas, como ya hemos visto, fue la necesidad de definir nuevas unidades lingüísticas; otra fue la insuficiencia de la frase como unidad de trabajo y la incorporación de los textos; otra, la consideración de elementos socioculturales peculiares de cada comunidad lingüística, y que ejercen una influencia sobre las formas de la lengua y los usos que de ella hacen sus hablantes.

La más fundamental de todas es aquella que se deriva de una nueva comprensión de la lengua como capacidad y como comportamiento. Es la pregunta que surge inmediatamente: ¿Los procesos que estimulan y promueven el desarrollo de una capacidad son los mismos que aquellos que estimulan y promueven la adquisición de nuevos conocimientos? Con ello hemos formulado la pregunta por la **metodología**. ¿Podemos seguir trabajando en nuestras clases de la misma forma que lo hacíamos cuando nuestro objetivo estaba formulado en términos de nuevos conocimientos?

Mientras que los conocimientos pueden adquirirse mediante la observación y la reflexión, las capacidades se desarrollan mediante su ejercitación. Podemos imaginarnos abordando nuevas capacidades, por ejemplo, la de utilizar un ordenador: para poder utilizar un nuevo programa de mi ordenador, lo mejor será que me ponga a utilizarlo haciendo pruebas con él. Necesitaré unos conocimientos indispensables, pero ellos no serán suficientes por sí mismos; por otra parte, partiré de una base mínima, que iré ampliando y enriqueciendo a medida que practique con el programa. Algo parecido sucede con el aprendizaje de un juego, como el tenis, o como el ajedrez.

La enseñanza comunicativa mediante tareas

No podemos afirmar que aprender a jugar al ajedrez, o a conducir un coche, sea lo mismo que aprender a hablar una nueva lengua. Pero sí que comparten una característica común: son nuevas capacidades que una persona puede desarrollar. Ser capaz de hablar una nueva lengua consiste en relacionar el significado de unas determinadas formas y estructuras lingüísticas con un contexto en el que se encuentran quienes las utilizan.

El significado de una expresión tiene distintos planos, y la capacidad de uso de una lengua consiste en poder obtener el significado de una expresión en todos ellos. El primero de los planos es aquel que podríamos llamar significado literal; por ejemplo, la frase *Yo, todas las tardes doy un paseo por el parque*, en su primer plano de significado dice lo que dicen sus palabras, y ese plano de significado es invariable en todos los contextos posibles que podamos imaginarnos; pero en la comunicación no nos detenemos en lo que las palabras significan: buscamos lo que las personas quieren decirnos con ellas. El conocimiento de la lengua nos permite descubrir el significado literal de las frases y oraciones; la capacidad de usarla nos permite entender las intenciones de las personas que han usado esas frases. El conocimiento se detiene en las oraciones independientes y fuera de contexto; la capacidad de uso se refiere siempre a frases en contexto: contexto situacional (que incluye a los partícipes en la comunicación, la relación entre ellos y los conocimientos que comparten), y contexto lingüístico (las frases se dan en unidades de otro tipo, que llamamos textos). La obtención de este nivel de significado requiere algo más que el recurso a unos conocimientos: requiere la aplicación de unos procesos.

4 ¿Qué entendemos por procesos de comunicación?

Los procesos de comunicación son muy diversos y complejos; pero podemos sintetizarlos diciendo que son, básicamente, aquellas actividades mentales que permiten a los interlocutores (o a los lectores, a los oyentes, a los escritores y a los oradores) relacionar no sólo formas con significados lingüísticos, sino referir los textos y expresiones lingüísticas que les sirven para entenderse, a un contexto de uso, que es particular en cada momento. Es decir, que los procesos de comunicación establecen una relación entre lo que se dice, se lee o se oye, y la situación en que se producen esas manifestaciones lingüísticas; elementos básicos de esa situación son las intenciones de los que participan en la comunicación, los conocimientos comunes que tienen sobre el tema, su experiencia previa de relación mutua, etc.

Veámoslo con el ejemplo de la frase que hemos citado en el párrafo anterior: *Yo, todas las tardes doy un paseo por el parque.*

Esta frase podría ser descrita, en términos nocional-funcionales, como "dar información sobre costumbres y rutinas". Y así es, en efecto. Pero -podemos preguntarnos- ¿en qué ocasiones informa una persona sobre sus costumbres y rutinas? Y, sobre todo ¿con qué finalidad lo hace? Puede ser un simple comentario en una charla informal, puede ser información solicitada por un juez o un policía, puede ser por muy diversas y variadas razones. La intención con que la pronuncia -lo que nos quiere decir- sólo podemos llegar a conocerla recurriendo al contexto de situación. Imaginemos un posible contexto:

Maite, Carmen, Julio y Andrés están comentando la necesidad de hacer llegar un mensaje o un objeto a Pedro, que trabaja en el quiosco de bebidas que hay en el parque de la ciudad. Andrés (que, efectivamente, todas las tardes da un paseo por el parque) dice esta frase para dar a entender a los demás que se ofrece a llevar el mensaje a Pedro, cosa que por otra parte no va a costarle gran esfuerzo; y así lo interpretan los demás. Lógicamente, deben darse como condiciones, entre otras, que todos sepan que Pedro trabaja en un establecimiento del parque. Existen otras condiciones, pero no necesitamos detallarlas. En este contexto, podemos afirmar que Andrés usa la mencionada expresión (que objetivamente informa de un hábito cotidiano), como un ofrecimiento para realizar una acción. Podríamos imaginar otras situaciones, con otros participantes, en las que esa misma frase fuera un reproche, o un elogio, o un comentario intranscendente.

Los procesos de comunicación son los que permiten a los interlocutores establecer una relación entre esa frase y la situación en que se encuentran, y dotarla de un significado relevante para esa situación. Cuando no somos capaces de establecer esa relación, decimos: "¿Y qué quieres decir con eso?". O: "¿Y por qué dices eso?". Esta pregunta es una señal de que la frase o expresión ha sido entendida en su sentido literal, pero que no se tienen suficientes conocimientos de la situación para entender lo que se nos quiere comunicar.

Vemos, pues, que en la comunicación existen unos contenidos y unos procesos. La enseñanza comunicativa de los primeros enfoques trabajaba únicamente con los contenidos necesarios para la comunicación: Era una enseñanza **para la comunicación**. Un paso más, y estamos en el trabajo con procesos de comunicación: **enseñanza mediante la comunicación**.

Las tareas se proponen facilitar en el aula el ejercicio de los procesos de comunicación, incorporando el uso de contenidos necesarios para la misma. Las tareas se caracterizan por facilitar la creación en el aula de contextos de uso de la lengua, que permitan:

- no sólo aprender cuál es la relación habitual entre formas y funciones lingüísticas ("Nos sentiremos muy honrados con su presencia", "Nos gustaría que vinieras", "Cuento contigo para la fiesta del domingo", como formas de invitaciones),
- sino también, y sobre todo, activar los procesos mediante los cuales relacionamos lo que decimos con lo que conocemos acerca del contexto particular de uso, y de esa forma
- entendernos con nuestro interlocutor, comunicarnos.

---

3. ¿Qué es una tarea?

Así nacen las tareas. Existen diversas versiones del modelo, pero todas coinciden en lo siguiente:

-- Proponen la *ejecución de una actividad, representativa* de las que se realizan habitualmente *en el mundo externo al aula* y que requieren el uso de la lengua.
-- La ejecución de esa actividad se convierte así en el *propósito de la tarea*, del cual nacen todas las actividades que la integran: si los alumnos realizan actividades de lectura o de audición de determinados textos, es porque en ellos van a encontrar datos que luego utilizarán; si practican formas lingüísticas (gramaticales, nocional-funcionales), es porque las necesitarán en la elaboración de la tarea; si se entrenan en la expresión oral o la escrita, será preparándose para obtener un mejor resultado final, etc.
-- De este modo *crean un contexto* en el cual adquirirán su significado todas las formas lingüísticas que se usen.
-- Al mismo tiempo, facilitan la actualización de *procesos de uso* iguales a los que se dan en la comunicación habitual en el mundo externo al aula.
-- Se realizan mediante la *cooperación e interacción* de los alumnos, que utilizan la lengua que están aprendiendo para ejecutar la tarea en sus distintas partes.
-- Se estructuran en *fases y pasos sucesivos e interrelacionados*, que vienen determinados por las propias características del producto que se elabora, así como por criterios de orden pedagógico.
-- Tanto su *contenido* como sus *resultados* están *abiertos*. Pueden estar perfilados en una previsión aproximada, pero la forma final que adopten dependerá de los procesos que cada alumno aplique.

3.1 Esquema de una tarea

En una tarea podemos distinguir entre su objetivo, su estructur y su secuencia.

A) El objetivo

Es lo que nos proponemos conseguir, en términos de aprendiza je. Tenga presente que los objetivos del aprendizaje de una len gua extranjera no son únicamente los terminales (es decir, aque llo que los alumnos serán capaces de hacer al finalizar e programa). Existen también los intermedios, y éstos a su vez so de diversos tipos: el objetivo de una tarea puede consistir en re forzar la cohesión del grupo de aprendizaje, conociéndonos me jor, o bien en evaluar la marcha del curso, o en que cada alum no se conozca mejor en lo relativo a sus habilidades en el estudi y aprendizaje de la nueva lengua...

La decisión acerca del objetivo de la tarea influirá en las ulterio res decisiones que se tomarán en su desarrollo.

B) La estructura

La estructura engloba todo lo que vamos a hacer. Incluye los si guientes elementos: el producto, las fuentes, el tema, las activi dades, los contenidos y los agentes.

Producto

Es lo que vamos a obtener como resultado de nuestro trabajo Generalmente adoptará la forma de un producto palpable (u texto escrito, o una imagen en soporte de vídeo o informático, un mural, o un informe estadístico...); pero puede adoptar tam bién la forma de intercambios orales (una conversación, un de bate, una breve representación teatral...).

Los productos pueden ser muy diversos, y sólo indirectamente s relacionan con el objetivo. En principio, cualquier producto ser adecuado para cualquier objetivo, aunque lógicamente unos po drán ser más fértiles que otros en relación con los procesos y ca pacidades que desarrollen.

Fuentes

Son los distintos materiales que proporcionan datos, estímulos ideas para la realización de la tarea. Son el punto de partida de la tareas y de sus distintas partes; al igual que los productos, pueden ser muy variadas: pueden consistir en documentos textuales o no textuales, sonoros, icónicos (una música, unas imágenes, un artículo, unas cartas, una secuencia de una película...) en fin, todo aquello que puede generar ideas y aportar datos para la realización de la tarea.

Tema o ámbito

El asunto o la materia de la que trata el producto. Un mismo objetivo y un mismo producto pueden versar sobre temas muy diferentes. El tema es el componente más sensible a las características del grupo y a los intereses de sus miembros.

Actividades

Las actividades constituyen la tarea en su desarrollo. Las hay de muy diversos tipos: comprensión de textos, intercambio de informaciones y de opiniones, observación y práctica de componentes lingüísticos, control del proceso....; entre ellas figuran las de evaluación de la tarea.

Para un buen desarrollo de la tarea conviene secuenciar bien las actividades: desde las de motivación y familiarización con el tema, hasta las de capacitación para la producción de textos.

Por otra parte, las actividades son las que permiten la combinación de momentos de atención al significado y de momentos de atención a la forma. Parece que las tareas son tanto más efectivas desde el punto de vista del aprendizaje cuanto mejor combinan y alternan esos momentos.

Contenidos

Lo que necesitamos, desde el punto de vista del sistema lingüístico, para la realización de la tarea: el vocabulario, las estructuras gramaticales, la pronunciación y entonación, las nociones y funciones.

Agentes

Los que realizan la tarea: alumnos individuales, parejas, pequeños grupos...

C) La secuencia

La ejecución de la tarea se lleva a cabo mediante actividades agrupadas en tres fases: planteamiento, preparación y realiza-

ción. Las actividades de evaluación se realizan no sólo al finalizar la tarea, sino también durante su desarrollo.

Planteamiento

Aquí se llevan a cabo todas las actividades iniciales de la tarea
sirven básicamente a dos propósitos:

- La toma de decisiones acerca del tema, del producto y de la organización del trabajo.
- La familiarización con el tema y con el tipo de tarea y la motivación para su ejecución.

Preparación

Las actividades de preparación, como su nombre indica, son todas aquellas que preparan a los alumnos para la realización de
la tarea. Esta preparación es de dos tipos:

- Dominio de los contenidos lingüísticos necesarios.
- Entrenamiento en las destrezas necesarias.

Algunos autores llaman a estas actividades capacitadoras o po-
sibilitadoras; serían las actividades previas, que se comple-
mentan con lo que podemos llamar actividades derivadas. Éstas son idénticas a aquéllas, pero no se puede decir que sean
estrictamente necesarias para la ejecución de la tarea; nacen
más bien con ocasión de la realización de la tarea, y ello a partir de una doble experiencia: la experiencia de las carencias
la del interés.

Mediante los procedimientos de autoevaluación, los alumnos experimentan sus carencias en el dominio de la lengua y detectan
áreas que necesitan refuerzo. Sobre ellas se realizan actividades
que ponen remedio a estas carencias.

Pero no sólo se detectan carencias; los alumnos pueden descubrir un especial interés en ampliar, perfeccionar o profundizar
determinadas áreas de su dominio de la lengua. De este modo
se pueden llegar a programar nuevas actividades relacionadas
con el tema o con el producto (ampliación de vocabulario, lectura de nuevos textos, etc.), que no son propiamente necesarias
para la realización de la tarea. A estas actividades algunos autores las llaman "post-tarea". De hecho, sin embargo, pueden
realizarse tanto al finalizar la realización como en la preparación.

Realización

Es la fase en la que se lleva a cabo la elaboración del producto. Durante ésta pueden aparecer actividades de muy diverso tipo, pero básicamente serán actividades de uso de la lengua: de comprensión, expresión e interacción.

Aunque algunas de estas actividades serán semejantes a las que se han llevado a cabo en la fase de preparación, aquí estarán menos guiadas y tendrán un carácter más espontáneo; se aproximarán más a las condiciones de uso real de la lengua.

La tarea, por tanto, se define por relación a lo que se hace en el aula, y no por relación a las unidades o lecciones que componen los materiales. Una tarea puede coincidir con una unidad, una lección o una actividad del libro que estemos utilizando, pero también puede agrupar distintas actividades y ejercicios del libro en una actividad global que el profesor organiza en el aula.

Lo importante de la tarea es, por tanto, su carácter de unidad de trabajo en el aula. Las tareas parten de supuestos muy similares a los de la enseñanza mediante proyectos; a diferencia de éstos:

-- son unidades de duración mucho más breve; puede haber tareas que necesiten varias sesiones de clase, pero también puede haberlas que se completen en un tiempo inferior al de una sesión; los proyectos abarcan todo el curso o una parte importante del mismo;

- son compatibles con la existencia de una programación establecida de antemano y la utilización de un manual; los proyectos sustituyen la programación por todas las actividades que genera el proyecto y suelen desarrollarse sin la ayuda de un manual.

ESQUEMA DE UNA TAREA

OBJETIVO: Lo que queremos enseñar: *Comunicación*
Sociocultura
Sistema formal
Aprender a aprender
Actitudes, valores

ESTRUCTURA: Lo que vamos a hacer.

	CAPACITACIÓN	**PRODUCTO**
conocimientos	**capacidades**	- escrito
		- oral
actividades - lengua	- comprensión	- icónico
previas - cultura y	- expresión	- mixto
sociedad	- interacción	- audiovisual
- temas		- ....
actividades		
derivadas		

EVALUACIÓN

SECUENCIA:

Planteamiento -- Preparación -- Realización

⇧   ⇩   ⇧   ⇩.⇧   ⇩

--------- E -- V -- A -- L -- U -- A -- C -- I -- Ó -- N -------

Aunque las unidades de los manuales no suelen prestarse fácilmente a una organización en tareas, podemos encontrar algunas
de ellas. En las dos páginas siguientes encontrará una unidad de
un manual, que está planteada en términos muy próximos a la
enseñanza mediante tareas. De hecho, puede analizarse en los
términos que hemos utilizado en este apartado para describir lo
que es una tarea.

Lo ponía bien claro: "Máximo 4 personas"

¿Y hoy, qué vamos a hacer?

Objetivo ──────────▶ **Defender nuestros derechos y los de otros
Argumentar y convencer a otras personas**

Actividad 1
Introductoria ──────▶ **¿Cuál es la situación?**   Comente con sus compañeros dónde
                                                        están estas personas, qué les pasa,
Tema ───▶ por qué ponen esa cara...

Fuente ──────────▶

Fuentes

Esta señora se dirige a las personas de la página anterior. ¿Qué quiere? ¿Qué les está diciendo?

Actividades 2 y 3:
Preparación
Motivación
Comprensión de la situación

Comente con sus compañeros: ¿Cómo cree que van a reaccionar los otros tres? ¿Qué va a suceder?

Para leer y escuchar

Escuche esta conversación. Una persona habla por teléfono. Usted oirá sólo lo que ella dice. Comente con sus compañeros quién creen que es esa persona, y qué es lo que ha pasado.

Lean esta noticia de la prensa, y digan en qué cosas coincide con lo que dice la señora que habla en el ejercicio anterior, y en cuáles no:

Actividades 4 y 5:
Información
Contexto
Vocabulario
Atención a la forma

UN ASCENSOR SE DESPLOMA EN UN HOTEL

EN SU INTERIOR IBAN CUATRO PERSONAS, UNA DE ELLAS TIENE FRACTURAS DIVERSAS Y LAS DEMÁS SUFREN HERIDAS LEVES. LA EMPRESA DEL HOTEL DECLINA TODA RESPONSABILIDAD Y HA DENUNCIADO A UNO DE LOS USUARIOS.

(Madrid) Un ascensor se desplomó ayer por la tarde en un hotel de esta ciudad, causando fracturas en las dos piernas a uno de sus cuatro ocupantes. A los otros tres sólo se les apreciaron lesiones de menor importancia.

Al parecer, uno de ellos llevaba un peso excesivo para la resistencia del ascensor. La empresa propietaria del hotel lo ha denunciado, alegando que no respetó las indicaciones de seguridad.

Según la versión de otro de ellos, dicho ocupante, una señora de mediana edad, originó una fuerte polémica con los otros dos, cuando éstos se negaban a dejarla entrar.

Además de todo su equipaje, llevaba también dos animales de compañía: un perrito y un periquito, lo cual aumentó las iras de los que no querían dejarla entrar.

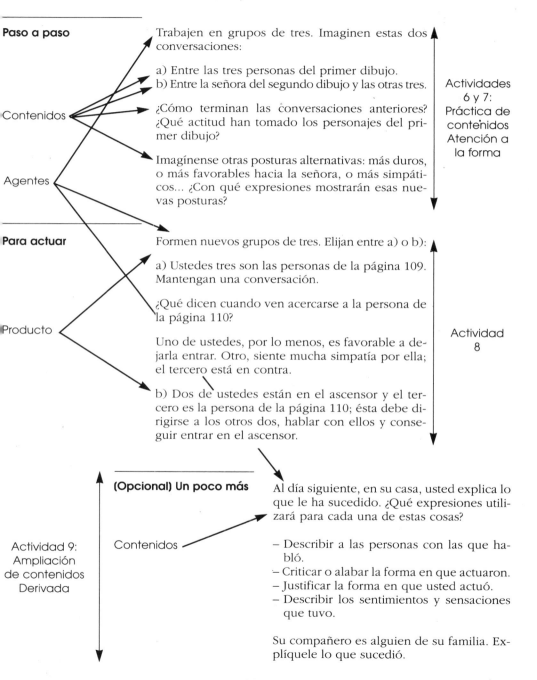

Paso a paso

Trabajen en grupos de tres. Imaginen estas dos conversaciones:

a) Entre las tres personas del primer dibujo.
b) Entre la señora del segundo dibujo y las otras tres.

¿Cómo terminan las conversaciones anteriores? ¿Qué actitud han tomado los personajes del primer dibujo?

Imagínense otras posturas alternativas: más duros, o más favorables hacia la señora, o más simpáticos... ¿Con qué expresiones mostrarán esas nuevas posturas?

Contenidos

Agentes

Actividades 6 y 7: Práctica de contenidos Atención a la forma

Para actuar

Formen nuevos grupos de tres. Elijan entre a) o b):

a) Ustedes tres son las personas de la página 109. Mantengan una conversación.

¿Qué dicen cuando ven acercarse a la persona de la página 110?

Uno de ustedes, por lo menos, es favorable a dejarla entrar. Otro, siente mucha simpatía por ella; el tercero está en contra.

b) Dos de ustedes están en el ascensor y el tercero es la persona de la página 110; ésta debe dirigirse a los otros dos, hablar con ellos y conseguir entrar en el ascensor.

Producto

Actividad 8

(Opcional) Un poco más

Al día siguiente, en su casa, usted explica lo que le ha sucedido. ¿Qué expresiones utilizará para cada una de estas cosas?

Contenidos

– Describir a las personas con las que habló.
– Criticar o alabar la forma en que actuaron.
– Justificar la forma en que usted actuó.
– Describir los sentimientos y sensaciones que tuvo.

Su compañero es alguien de su familia. Explíquele lo que sucedió.

Actividad 9: Ampliación de contenidos Derivada

Autoevaluación

¿Quién ha conseguido su propósito? ¿Cómo lo ha conseguido? ¿Cómo ha convencido a los demás?

¿En qué partes o aspectos se ha sentido usted inseguro hablando español: vocabulario, expresiones, gramática...? ¿Puede seleccionar dos o tres? Anótelos aquí:

Actividades
10 y 11:
Autoevaluación

....

....

Agentes

Busque a otros compañeros que tengan los mismos problemas. ¿Dónde pueden buscar ayuda: otros ciclos de este libro, Libro de referencias, otros libros...?

(Opcional) Para reforzar o ampliar nuestro dominio del español

Consulte los materiales que ha elegido.
¿De qué forma puede practicar esos aspectos? Elija la que más le guste:

– Repasando algunas lecciones de este o de ciclos anteriores. Escuchando las grabaciones de esas lecciones.

– Haciendo algunas unidades opcionales que no fueron elegidas en ciclos anteriores.

Actividades
12, 13 y 14:
Desarrollo de
la autonomía

– Haciendo otro tipo de ejercicios. (¿Cuáles?)

¿Va a trabajar usted por su cuenta? Hágase un programa con la ayuda de esta ficha.

Tema o ejercicio	¿Cuándo?	¿Dónde?
....	....	....
....	....	....
....	....	....

(De *Eurolingua*.)

3.2 Clases de tareas

Hemos dicho más arriba que uno de los elementos esenciales de una tarea es el objetivo. En una enseñanza comunicativa, los objetivos relacionados con la realización de actividades del mundo externo al aula constituyen la parte más numerosa de actividades de aprendizaje. Pero en muchas ocasiones, el aprendizaje de la lengua en el contexto de un aula nos lleva a la fijación de objetivos específicos relacionados con el propio proceso del aprendizaje, y no solamente con el uso de la lengua. Por ejemplo, podemos encontrarnos con la necesidad de profundizar en el vocabulario de una determinada área temática, o bien, de clarificar determinados usos de la gramática. También podemos encontrarnos con la necesidad de tomar conciencia de determinados contrastes socioculturales entre la sociedad de los alumnos y la de la lengua que se aprende.

Todas ellas son áreas del trabajo de clase que han venido recibiendo tradicionalmente la suficiente atención por parte de profesores y alumnos y que pueden seguir trabajándose en la forma habitual. Pero también pueden aprovecharse las ventajas que representa el trabajo mediante tareas (interacción, aprendizaje en cooperación, estímulo, estructuración del trabajo), para abordarlas en forma de tareas. El siguiente es un ejemplo de una tarea con objetivos de aprender a aprender:

CARACTERÍSTICAS PERSONALES
Aunque haya un solo grupo de trabajo, las personalidades de los alumnos y del profesor/a son diferentes. En el aula las cuestiones más relevantes en cuanto a las características de cada individuo son:

- ¿Está acostumbrado a trabajar en grupo?
- En un grupo ¿destaca o se retrae?
- ¿Es una persona habladora o callada?
- ¿Es una persona participativa o más bien pasiva?
- En cuanto al aprendizaje, ¿es una persona dependiente o prefiere arriesgarse y caminar sola?

De las siguientes cualidades, **¿cuáles te parecen mejores para un alumno?**:

- capacidad de análisis,
- buena memoria,
- confianza en sí mismo,
- constancia,
- estar acostumbrado
  a hablar en público,
- capacidad de síntesis,
- buen oído,
- capacidad organizativa,
- decisión,
- ser comunicativo,
- ser competitivo.

Haz una lista con las cualidades que, a tu modo de ver, pueden, en principio, ser positivas o negativas para el aprendizaje de una lengua.

Ejemplo:

Positivas	Negativas
buena memoria	mala memoria
buen oído	dificultad en la audición
paciencia	impaciencia

¿Estás de acuerdo con éstas? Continúa añadiendo.

(De *¿Cómo ser profesor/a y querer seguir siéndolo?*)

Del mismo modo, otras actividades que se realizan en la clase, y que tienen que ver con el aprendizaje en sí mismo más que con los objetivos o los contenidos del programa, pueden abordarse mediante la realización de algunas tareas: se trata de las actividades relacionadas con el refuerzo de la cohesión del grupo, o de la confianza del alumno en sus propias capacidades, de autoevaluación, de evaluación de la marcha del curso, etc.

3.3 Los nuevos papeles de profesores y alumnos

La tarea comporta una nueva definición de los papeles que desempeñan profesores y alumnos:

– Los alumnos se conciben como personas activas, que toman la iniciativa, que participan, que se implican en la toma de decisiones.
– Los profesores amplían su campo de actuación, más allá del suministro de información, a la organización, asesoramiento, apoyo, dirección, coordinación.

Unos y otros pueden estar poco habituados a desempeñar estos papeles. A los alumnos puede resultarles extraña la idea de participar en la toma de decisiones que antes les venían dadas; la experiencia que vayan adquiriendo en este tipo de trabajo y la gratificación que ello representa irán habituándoles a estos nuevos procedimientos. A los profesores les puede costar un cierto trabajo acostumbrarse a que no todo está en todo momento bajo su control; también en su caso será la experiencia la que les irá haciendo descubrir esas nuevas funciones y lo importante que es estar atento a ellas.

4.   Tareas para el lector del libro

 Analice la tarea que tiene a continuación según los siguientes criterios:

1) Descripción de la tarea: Qué es lo que van a hacer los alumnos.
Aquí hay que considerar actividades que se realizan generalmente fuera del ámbito de la enseñanza (tareas del "mundo real") y actividades típicas del aula (tareas del "mundo del aula").

2) Identificación del tipo de objetivo: Comunicativo, sociocultural, aprender a aprender, conciencia lingüística y cultural.

3) Definición de los roles: Cuáles son los que los alumnos van a adoptar en la realización de las tareas.

Tenga presentes los tres grandes grupos de roles: los que son propios del "mundo real", los que son propios del alumno, y los resultantes de la combinación de ambos.

4) Indicación del resultado final: ¿Es un documento escrito? ¿Una regla de uso del español? ¿Una nueva actitud hacia el aprendizaje? ¿Un acuerdo logrado en el grupo? ¿Es el mismo resultado en cada alumno o grupo de alumnos?

Tarea

Hacer un panel en el que habrá información sobre los gustos y aficiones de los miembros del grupo.

Preparación

A) Lo primero que debéis hacer es organizaros en grupos de 3 ó 4. En una hoja aparte, escribid algunas frases más como las seis que hay en la ficha 2. (Como veis, son frases referidas a la vida, los gustos, las costumbres, etc., de las personas).
Por el momento no debéis escribir ningún nombre. Debéis dejar un espacio en blanco, como en las frases 1-6.

B) Cuando tengáis las nuevas frases, uno de vosotros las apunta en la pizarra.

C) Cada uno de vosotros copiad a continuación de la frase 6 aquellas que más os gusten de entre todas las que hay en la pizarra.

Realización

Cada uno de vosotros debe completar la ficha 2 con nombres de compañeros de la clase. Para ello tendreis que poneros de pie y circular por la clase, preguntándoos unos a otros.

Finalmente, pondreis vuestras fichas en un mural y lo tendremos expuesto en el aula durante unos días.

Ficha 2

1.- A .... le encanta vivir en Barcelona.
2.- A .... le gustan los idiomas en general.
3.- .... ha estudiado español en esta escuela con anterioridad.
4.- A .... le gustan mucho los deportes.
5.- A .... no le interesa la política.
6.- .... es aficionado/a a la música.
7.- A..
8.- A..
9.- A..
10.- A..
11.- A..
12.- A..

115

5.   Sugerencias para actividades en clase

Tarea 1

Elaborar una biografía del profesor a partir de un cuadro esquemático.

Preparación

a) En pequeños grupos (3 ó 4 personas), decidir las preguntas (contenido y forma apropiada) que se van a formular al profesor.
b) Hacerle las preguntas y organizar el cuadro esquemático.

```



```

Resultado final

Elegir una de las dos opciones:
a) Biografía escrita, individualmente o en grupo, que se puede entregar al profesor para que compruebe su veracidad.
b) Resumen oral de uno de los alumnos al resto de la clase, que muestra su conformidad con el contenido.

Tarea 2

Escribir un poema: tema "El mundo al revés".

Preparación

Primera parte:

a) En pequeños grupos (con la ayuda del diccionario o del profesor), hablen de los cuentos infantiles:

- ¿Qué personajes suelen aparecer en esos cuentos?
- ¿Cómo son esos personajes normalmente?

b) Lean este poema de José Goytisolo:
Érase una vez

Érase una vez
un lobito bueno
al que maltrataban
todos los corderos.

Y había también
un príncipe malo
una bruja hermosa
y un pirata honrado.

Todas estas cosas
había una vez
cuando yo soñaba
un mundo al revés.

c) El mundo al revés; hagan frases como ésta:

Los lobos se habían vuelto buenos / Los lobos eran buenos.

Los lobos ...   Las brujas ...
Los corderos ...   Los príncipes ...
Los piratas ...   El mundo ...

Segunda parte:

a) En pequeños grupos: imaginen la causa de ese cambio radical en el mundo.

- ¿Había habido una revolución?
- ¿Tal vez se habían producido mutaciones en toda la tierra?
- ¿Otras causas que a ustedes se les ocurran?

b) Elaboren (oralmente) una pequeña historia de los hechos, como este modelo:

En el mundo había habido una revolución.
Los personajes de los cuentos se habían cansado
de representar su papel, siempre el mismo. El pirata
malo y el príncipe bueno se habían reunido y habían
elaborado un plan secreto. Se lo habían comunicado
a las brujas feas... Etc.

c) Cada grupo cuenta su historia al resto de la clase.

Realización y resultado final:

a) Mire estas imágenes y coméntelas con sus compañeros:

b) Dejen volar un poco su imaginación. ¿Qué otras ideas se les ocurren para un mundo al revés? A medida que todos vayan diciendo ideas, apunte las que más le gusten.

c) Trabaje a partir de las ideas anteriores, decida cuáles van a tomar para su "mundo al revés".

Escriba las primeras frases con esas ideas y comente con su compañero lo que cada uno ha escrito: ¿pueden hacerse mutuamente alguna sugerencia?

d) Escriba aquí el poema de forma definitiva.

(De *Eurolingua.*)

Cuestionario de autoevaluación para el alumno

¿Qué tipo de estudiante es usted?

¿Es usted un buen estudiante, un estudiante medio o un estudiante perezoso?

Conteste a las preguntas que tiene a continuación indicando los siguientes puntos: si su respuesta es "siempre/casi siempre", 3 puntos; si la respuesta es "a veces", 2 puntos; si es "nunca/casi nunca", 1 punto; y si es "no lo sé", 0 puntos.

1. Cuando hace ejercicios gramaticales, ¿los resuelve bien? · ☐

2. ¿Le gusta aprender de memoria vocabulario, reglas gramaticales, formas de los verbos, etc.? ☐

3. ¿Tiene buena memoria? ☐

4. ¿Le molesta cometer errores al hablar, al leer o al escribir? ☐

5. ¿Le molesta que no le corrijan los errores en clase, sea el profesor o sus compañeros? ☐

6. ¿Cree que puede pronunciar mucho mejor cuando lee que cuando mantiene una conversación en español? ☐

7. ¿Le gusta tener bastante tiempo para pensar antes de responder? ☐

8. ¿Lo pasa bien en clase? ¿Se divierte? ¿Encuentra siempre algo interesante aunque el tema del día sea algo aburrido? ☐

9. ¿Le resulta difícil entender a un hablante nativo? ¿Sólo comprende palabras aisladas? ☐

Total de puntos ☐

Analice sus respuestas

- De 0 a 8 puntos: usted parece una persona insegura. A lo mejor no lo es. En todo caso, ésta es la primera vez que usted realiza este tipo de encuesta. Esto no quiere decir que usted no sea un buen estudiante, sino que no sabe exactamente cómo es. Puede ser una buena ocasión para comenzar a pensar en su proceso de aprendizaje.

- De 9 a 13 puntos: usted parece ser una persona poco disciplinada: ¿lo es? Da la sensación de que usted no necesita hacer mucho esfuerzo para aprender la lengua: tiene facilidad. Le gusta comunicarse con la gente. A veces puede pensar que necesita estudiar un poco más la gramática; pero cuando se sienta, abre el libro, coge el lápiz, etc., empieza a aburrirse y lo deja enseguida. Puede mejorar. Dedique más tiempo al español, haga un plan semanal de estudio. Seguro que siempre puede disponer de 20 minutos libres. Tiene que ser más crítico.

- De 14 a 22 puntos: usted parece una persona entre "poco disciplinada" y "analítica". Muchas personas lo son. Cada uno de nosotros tiene su propio estilo de aprender y su peculiar ritmo de aprendizaje. Lea la información que se da para las personas "poco disciplinadas" y para las "analíticas". Puede ver hacia dónde se inclina usted y mejorar sus puntos débiles.

- De 23 a 27 puntos: usted parece una persona analítica. Para usted es importante hacer las cosas siempre a la perfección. Probablemente prefiere hacer ejercicios en los que tiene que pensar mucho, reflexionar. Por ejemplo: practicar mucho la gramática, la pronunciación, deducir las palabras por el contexto... Puede mejorar su aprendizaje hablando más y no preocupándose de los errores (tenga en cuenta que, si piensa tanto, puede olvidarse de lo que quería decir). Cuando termine de hablar, piense en sus errores; ése es el momento de corregirse. Usted sabe más de lo que cree. Hable y practique la lengua fuera de la clase.

(Test adaptado de *Learning to learn English*, G. Ellis y B. Sinclair, Cambridge University Press, 1989.)

Cuestionario de análisis de objetivos y necesidades de aprendizaje

Este cuestionario quiere ayudarle a determinar sus objetivos y necesidades al aprender español, así como a descubrir cómo le gusta aprender. Sus compañeros pueden tener otras razones para aprender la lengua y otra manera de hacerlo, pero esto no importa. Lo fundamental es que usted tenga claro por qué quiere aprender, qué espera alcanzar y qué camino de aprendizaje va a seguir.
Para ello, responda a las preguntas que le proponemos y, si quiere, discuta sus respuestas con sus compañeros y/o con su profesor.

Apartado A: ¿Qué objetivos tiene?

1. ¿Por qué quiero aprender español? (Puede marcar varias respuestas):

- Lo necesito para el trabajo. ☐
- Quiero viajar a Latinoamérica/España. ☐
- Quiero tener más contacto con hispanohablantes. ☐
- Quiero conocer mejor la cultura española y latinoamericana. ☐
- Me gusta aprender nuevas lenguas. ☐
- Mis superiores quieren que yo vaya a una clase de español. ☐
- Otro motivo: ¿cuál? ☐

2. Según sus objetivos, ¿a qué actividad(es) piensa dedicar más tiempo y qué nivel quiere alcanzar?:

Actividad		Nivel	
- Comprensión oral.	☐	Inicial.	☐
- Expresión oral.	☐	Intermedio.	☐
- Comprensión lectora.	☐	Avanzado.	☐
- Expresión escrita.	☐		

3. ¿Cuántas horas piensa dedicar semanalmente al estudio del español, incluida la clase?:

- 1 a 3 horas. ☐
- 3 a 6 horas. ☐
- Más de 6 horas. ☐

Apartado B: Su estilo de aprendizaje

4. ¿Cómo aprende usted mejor? Responda indicando el número que corresponde a su preferencia (1= es lo que prefiero; 2= me gusta bastante; 3= no me gusta mucho; 4= no me gusta nada):

- Solo. ☐
- Con el profesor. ☐
- Trabajando con toda la clase. ☐
- Trabajando en pequeños grupos. ☐
- Trabajando en parejas. ☐
- Fuera de la clase. ☐

5. ¿Le gusta hacer estas cosas para aprender? Indique el número correspondiente (1= me gusta mucho; 2= me gusta bastante; 3= no me gusta mucho; 4= no me gusta nada):

- Hablar español con los compañeros. ☐
- Escuchar al profesor y tomar notas. ☐
- Hablar español fuera de la clase. ☐
- Escuchar y trabajar con las casetes. ☐
- Escribir. ☐
- Estudiar la gramática. ☐
- Aprender mediante juegos, canciones, etc. ☐
- Aprender leyendo periódicos, revistas, etc. ☐
- Practicar la pronunciación. ☐
- Hacer ejercicios de gramática. ☐
- Aprender viendo la televisión, películas, vídeos, etc. ☐
- Aprender las palabras nuevas escuchándolas. ☐
- Aprender las palabras nuevas escribiéndolas. ☐

6. ¿Qué actividades le parecen más importantes para aprender español? (Indique las tres más importantes para usted):

- Actividades de comprensión oral. ☐
- Actividades de comprensión escrita. ☐
- Actividades de expresión oral. ☐
- Actividades de expresión escrita. ☐
- Juegos, canciones, pasatiempos, etc. ☐
- Aprender palabras nuevas. ☐
- Aprender reglas gramaticales. ☐
- Hacer ejercicios de gramática. ☐
- Otras: ¿cuáles? ☐

7. ¿Cómo juzgaría estas actividades?:

	Muy difícil	Difícil	Normal	Fácil
- Aprender palabras nuevas.	☐	☐	☐	☐
- Entender textos grabados.	☐	☐	☐	☐
- Escribir.	☐	☐	☐	☐
- Hablar.	☐	☐	☐	☐
- Entender textos escritos.	☐	☐	☐	☐
- Aprender gramática.	☐	☐	☐	☐
- Pronunciar las palabras.	☐	☐	☐	☐

Apartado C: Usted y la clase

8. ¿Le parecen interesantes las actividades de aprendizaje realizadas en clase?

- Nunca. ☐
- Casi nunca. ☐
- Pocas veces. ☐
- Bastantes veces. ☐
- Casi siempre. ☐
- Siempre. ☐

9. ¿Hace usted sugerencias y propuestas que faciliten su aprendizaje en clase?:

- Nunca. ☐
- Casi nunca. ☐
- Pocas veces. ☐
- Bastantes veces. ☐
- Casi siempre. ☐
- Siempre. ☐

10. ¿Hace usted algo para mejorar su aprendizaje? ¿Hace alguna de estas cosas? Marque con 1 (nunca), 2 (a veces), 3 (habitualmente):

- Compruebo lo que sé y lo que no sé. ☐
- Intento utilizar inmediatamente las palabras nuevas para no olvidarlas. ☐
- Analizo el tipo de errores que cometo y así intento no repetirlos. ☐
- Siempre que puedo repaso con amigos o compañeros lo que he aprendido ☐
- Me intereso por todos los medios que me ayudan a mantener el contacto con el español: la televisión, el cine, la radio, las revistas. ☐
- Busco las mejores condiciones ambientales para estudiar: un lugar tranquilo, una temperatura agradable, etc. ☐
- Si puedo, utilizo el español fuera de clase. ☐
- ¿Hace otras cosas que no están indicadas en la lista? ☐

11. ¿Qué le gusta más en su grupo de clase? (Señale las tres características más importantes para usted):

- Que tenga objetivos de aprendizaje comunes, el mismo estilo, el mismo nivel de conocimientos. ☐
- Que haya amistad, comprensión y colaboración. ☐
- Que tenga un papel activo en el proceso de aprendizaje. ☐
- Que participe en la toma de decisiones sobre objetivos, contenidos, procedimientos, materiales, etc. ☐
- Que sea puntual y venga con regularidad a clase. ☐

12. ¿Qué le gusta más en su profesor? (Señale las tres características más importantes para usted):

- Que corrija todos los errores que cometemos en clase. ☐
- Que lo explique todo. ☐
- Que sea simpático. ☐
- Que sepa reaccionar ante lo que ocurre en clase, y si es necesario modifique su programa. ☐
- Que nos ayude a reflexionar sobre nuestro proceso de aprendizaje. ☐
- Que entienda la lengua materna de los alumnos. ☐
- Que evalúe con regularidad nuestros progresos. ☐

Cuestionario de autoevaluación para el profesor

a) ¿Qué tipo de profesor es usted? ¿Qué hace en clase? ¿Lo que hace le parece bien? ¿Puede mejorar algo?
El listado que tiene a continuación le ayudará a reflexionar y a tener una idea más concreta sobre su manera de actuar. Puntúese utilizando los siguientes criterios:

       1 = No lo hago.
       2 = Tengo que mejorarlo.
       3 = Lo hago bastante bien.
       4 = Lo hago bien.

1. Mantengo un buen contacto visual con los alumnos, no hablo mirando a un solo alumno, a un determinado grupo o a la pared. ① ② ③ ④

2. Conozco a cada alumno, escucho lo que dicen, discuto los conflictos que pueden surgir en el grupo. ① ② ③ ④

3. Soy cálido, amigable y abierto con los alumnos. ① ② ③ ④

4. Estimulo la participación y la colaboración (para las correcciones, explicaciones, organización de las actividades) como elementos fundamentales del aprendizaje en grupo. ① ② ③ ④

5. Estimulo la toma de responsabilidad sobre el aprendizaje por parte de los alumnos. ① ② ③ ④

6. Organizo el aula y coloco las sillas con arreglo a las actividades que vamos a realizar. ① ② ③ ④

7. Empiezo la clase con una actividad que les pone en situación y les anima a trabajar juntos. ① ② ③ ④

8. Intento crear en clase un ambiente positivo, confortable y seguro, que permita a los alumnos actuar y participar sin miedo. ① ② ③ ④

9. Preparo los materiales y aparatos necesarios antes de la clase. ① ② ③ ④

10. Escribo en la pizarra (o en el retroproyector) de manera clara y legible para todos. ① ② ③ ④

11. Hablo de manera clara y suficientemente alto para que todos puedan oír. ① ② ③ ④

12. Si los alumnos no comprenden un determinado tipo de explicación o de ejemplo, busco otra manera de explicarlo y doy otro tipo de ejemplos, de modo que resulte comprensible para todos. ① ② ③ ④

13. Les dejo tiempo suficiente para que puedan pensar y organizar lo que van a hacer. ① ② ③ ④

14. Organizo el trabajo en grupos en función de la tarea que vamos a realizar y de los objetivos que queremos alcanzar. ① ② ③ ④

15. Ayudo a los alumnos a formular los principios y las reglas que guían nuestro trabajo. ① ② ③ ④

16. Considero que la negociación sobre contenidos, tareas y actividades es parte integrante del curso. ① ② ③ ④

17. Programo mi clase de manera detallada pero flexible, lo que me facilita la solución de los imprevistos que puedan surgir. ① ② ③ ④

18. Considero que no hay una única manera de presentar una lección, lo que me lleva a probar nuevas ideas y ver si son adecuadas a las necesidades de mis alumnos. ① ② ③ ④

19. Tengo en cuenta los intereses y las necesidades de los alumnos. ① ② ③ ④

20. Si es necesario, adapto y modifico el manual del alumno. ① ② ③ ④

21. Planeo mis actividades de manera que cada alumno tenga la posibilidad de contribuir a su realización y se sienta importante y aceptado por el grupo. ① ② ③ ④

22. Ayudo a mis alumnos a encontrar el objetivo de la unidad y de las actividades que hacen, e intento relacionarlos con sus objetivos y necesidades personales. ① ② ③ ④

23. Sé que la atención y el interés de los alumnos no son siempre constantes y me adapto: si algo les aburre o les cansa, lo dejo y lo retomo otro día. ① ② ③ ④

24. Si un alumno tiene un mal día y no consigue o no quiere participar y colaborar como lo hace habitualmente, no insisto. ① ② ③ ④

25. Me adapto a los diferentes estilos de aprendizaje variando mis ejercicios y actividades, de modo que cada alumno pueda aprender de manera más eficaz. ① ② ③ ④

26. Suelo animar a mis alumnos y mostrarles que aprecio los esfuerzos que hacen para aprender. ① ② ③ ④

27. Suelo tomar en consideración las anteriores experiencias de aprendizaje de mis alumnos. ① ② ③ ④

28. Ayudo a mis alumnos a tomar conciencia de los progresos que hacen y de los factores que ayudan o dificultan su aprendizaje. ① ② ③ ④

29. Me gusta observar cómo enseñan otros compañeros, me da nuevas ideas y me ayuda a reflexionar sobre mi propia manera de trabajar.   ① ② ③ ④

30. Para estar al día en mi profesión, leo las publicaciones más recientes y participo en seminarios y talleres de formación.   ① ② ③ ④

b) Mis puntos fuertes ....

c) Aspectos que tendría que mejorar o experimentar ....

d) Si ahora lee usted las siguientes descripciones, ¿a cuál de estos cuatro tipos de profesores cree que se parece?

Tipo A

Yo sigo exactamente lo que está indicado en el libro del alumno y los consejos del libro del profesor. Mi enseñanza respeta las ideas y las sugerencias de los autores. Sólo así puedo ser fiel al concepto y obtener éxito. No me parece correcto dejar ejercicios por hacer o reemplazar otros. Hay un problema: el tiempo. A veces no me alcanza para hacerlo todo como está indicado.

Tipo B

Para mí lo que cuenta son principalmente las necesidades de los alumnos. Cuando noto que algo no les interesa, lo dejo. Esto me deja mucho tiempo para ocuparme de problemas actuales: de todos modos los alumnos sólo aprenden si algo les interesa. Si un grupo no tiene ganas de aprender gramática, no tiene sentido insistir demasiado en ese aspecto. Mi objetivo es responder a las expectativas de los alumnos, y éstas, muchas veces, no coinciden con los objetivos del manual.

Tipo C

Yo sigo enseñando como siempre hice y según lo que hasta ahora me ha dado buenos resultados. Es peligroso abandonar la experiencia personal positiva e introducir novedades cuyos resultados nadie conoce. Mi manera de enseñar es tradicional y refleja mi propia experiencia. La seguridad es muy importante para los participantes. Es por eso por lo que adapto los nuevos métodos a mi estilo de enseñanza, y de ellos sólo tomo lo que no sea demasiado nuevo o inusual.

Tipo D

Me interesa mucho descubrir nuevos métodos. Las ideas que introducen son un estímulo y me hacen reflexionar sobre mi propia manera de enseñar. Veo si son realmente útiles, y las comparo con lo que hago yo. Al utilizar un nuevo método, intento ser fiel al concepto, pero no abandono mis propias ideas. A veces tengo que adaptar mi enseñanza a las necesidades de la clase y cambiar algo en mi plan de trabajo. Esto puede provocar ciertas modificaciones con relación a lo previsto en el libro.

Cuestionario de autoevaluación de las estrategias de aprendizaje

¿Qué estrategias de aprendizaje utiliza usted?

Usted está aprendiendo español. ¿Sabe cómo lo hace? En los apartados (A-F) que se incluirán a continuación, están recogid
las diversas estrategias que pueden utilizarse en el aprendizaje de un nuevo idioma. Léalas cuidadosamente y valórelas de
a 5, según el siguiente baremo:

1. No lo hago nunca o casi nunca.
2. Generalmente no lo hago (= menos de la mitad de las veces).
3. Lo hago a veces (= más o menos la mitad de las veces).
4. Lo hago a menudo (= más de la mitad de las veces).
5. Lo hago siempre o casi siempre.

Elija la puntuación que corresponde a lo que usted hace realmente, y no a lo que piensa que debería hacer o a lo que hace
los demás. Tenga presente que todas las actuaciones mencionadas son aceptables, que no hay unas correctas y otras equiv
cadas, que todas son estrategias que podemos o no utilizar al aprender una lengua. Puntúe las frases atentamente, pero s
detenerse mucho: 20-30 minutos serán suficientes. Al final tiene una hoja para poner su puntuación, y la lista de criterios qu
le permitirán evaluar qué tipo de estrategias utiliza al aprender español y con qué frecuencia lo hace.

Si su resultado indica que usted se sirve de un número limitado de estrategias, la lectura de este documento le proporcion
rá, sin duda, algunas ideas para mejorar su aprendizaje.

Cuando aprendo algo nuevo (palabras, reglas gramaticales, etc.):

Apartado A

1. Creo asociaciones entre la palabra nueva y lo que ya sé.
2. Coloco la palabra nueva en una oración de modo que pueda recordarla.
3. Hago frecuentes repasos.
4. Coloco la palabra nueva en un grupo junto con otras palabras que de alguna manera son similares (vestimenta, colores)
5. Asocio el sonido de la palabra nueva con el sonido de una palabra familiar.
6. Uso rimas para recordarla.
7. Recuerdo la palabra haciéndome una clara imagen mental de ella o haciendo un dibujo.
8. Visualizo mentalmente cómo se escribe la palabra.
9. Intento recordar lo que aprendí hace mucho tiempo.
10. Uso combinaciones de sonidos e imágenes para recordar la palabra.
11. Hago una lista de todas las palabras que conozco que tienen alguna relación con la nueva y dibujo líneas para mostrar la
interrelaciones.
12. Recuerdo en qué parte de la página está ubicada la palabra nueva, o dónde la vi u oí por primera vez.
13. Uso fichas, en las que pongo la palabra nueva, en un lado, y la definición (u otra información), en el otro.
14. Repito o escribo muchas veces la palabra.

Apartado B

15. Practico las nuevas expresiones con frecuencia, diciéndolas o escribiéndolas.
16. Intento imitar la manera de hablar de los nativos.
17. Leo un diálogo o una historia varias veces, hasta llegar a entenderlo.
18. Vuelvo a mirar lo que escribo para mejorar mi expresión escrita.
19. Practico los sonidos que son particularmente difíciles para mí.
20. Utilizo las palabras familiares en nuevas frases.
21. Busco ocasiones para hablar español.
22. Miro la tele, escucho la radio, voy a ver películas en español.
23. Intento pensar en español.
24. Escribo notas, cartas, mensajes en español.
25. Al leer, miro por encima todo el texto para ver de qué trata y luego vuelvo a leerlo más despacio.
26. Uso el diccionario como ayuda para entender lo que leo.
27. En clase, tomo notas en español.
28. Hago resúmenes de lo que aprendo.
29. Utilizo la lengua en situaciones nuevas, aplicando las reglas que ya conozco.
30. Para entender el significado de una palabra nueva, la divido en partes que entiendo.
31. Busco semejanzas y diferencias entre el español y mi lengua materna.

2. Trato de entender lo que leo, sin traducirlo palabra por palabra a mi propio idioma. .
3. Soy prudente, no transfiero automáticamente palabras o conceptos de mi propio idioma al español.
4. Desarrollo mis propias explicaciones sobre el funcionamiento de la lengua, y las reviso cuando dispongo de nuevas informaciones.

partado C

5. Cuando no comprendo una palabra, intento suponer lo que puede significar, partiendo del contexto y de la situación.
6. Cuando hablo, si no encuentro la palabra que necesito, hago gestos para explicar lo que quiero decir.
7. Cuando no conozco la palabra que necesito, pregunto a mi interlocutor cómo puedo decir lo que quiero expresar.
8. Al leer, no me detengo en cada palabra desconocida.
9. Al hablar con una persona, intento hacer suposiciones sobre lo que va a decir.
0. Si no puedo encontrar la palabra que necesito, utilizo una palabra parecida o describo la idea.

partado D

1. Busco ocasiones para utilizar mis conocimientos de español.
2. Me fijo en los errores que cometo e intento no volver a cometerlos.
3. Estoy siempre atento cuando alguien habla español.
4. Hago esfuerzos para mejorar mi manera de aprender: leo libros y discuto mis opiniones sobre el aprendizaje con otras personas.
5. Dedico todo el tiempo que puedo al estudio del español.
6. Busco personas con quienes pueda hablar español.
7. Busco las mejores condiciones para estudiar: un lugar tranquilo, sin ruido, con temperatura agradable.
8. Me fijo objetivos claros y definidos que me ayudan a determinar cómo quiero avanzar en el conocimiento de la lengua.
9. Reflexiono sobre los progresos que hago en mi aprendizaje, compruebo lo que sé y lo que no sé.

partado E

0. Siento una cierta ansiedad al utilizar el español, pero intento relajarme.
1. Tengo miedo de cometer errores al hablar, pero me esfuerzo igualmente en hacerlo.
2. Cuando mis resultados son buenos, me felicito o me concedo algún premio.
3. Suelo observar si estoy ansioso al estudiar español.
4. Tengo un diario donde apunto cómo me siento al estudiar español.
5. Discuto con mis compañeros nuestros estados de ánimo.

partado F

6. Cuando no entiendo algo, pido a la otra persona que hable más despacio o que repita.
7. Pido que me corrijan si cometo errores al hablar.
8. Repaso con mis compañeros lo que he aprendido.
9. Hago preguntas en español durante la clase.
0. Hablo español con mis compañeros.
1. Tengo interés por la cultura de los pueblos de habla hispana.

untuación

Ponga su puntuación en la casilla que hay al lado de cada número.
Sume la puntuación de cada apartado y divida el total obtenido por el número de frases: obtendrá así su media personal para cada apartado.
Cada apartado corresponde a un grupo de estrategias. Lea el resumen y compare sus medias personales con la clave para saber qué grupo de estrategias suele utilizar con más frecuencia.

Apartado A: 1 ☐ 2 ☐ 3 ☐ 4 ☐ 5 ☐ 6 ☐ 7 ☐ 8 ☐ 9 ☐ 10 ☐ 11 ☐ 12 ☐ 13 ☐ 14 ☐.
Total: ....
: 14 = ...

Apartado B: 15 ☐ 16 ☐ 17 ☐ 18 ☐ 19 ☐ 20 ☐ 21 ☐ 22 ☐ 23 ☐ 24 ☐ 25 ☐ 26 ☐ 27 ☐ 28 ☐ 29 ☐ 30 ☐ 31 ☐ 32 ☐ 33 ☐ 34
Total: ....
: 20 = ...

Apartado C: 35 ☐ 36 ☐ 37 ☐ 38 ☐ 39 ☐ 40 ☐
Total: ....
: 6 = ...

Apartado D: 41 ☐ 42 ☐ 43 ☐ 44 ☐ 45 ☐ 46 ☐ 47 ☐ 48 ☐ 49 ☐
Total: ....
: 9 = ...

Apartado E: 50 ☐ 51 ☐ 52 ☐ 53 ☐ 54 ☐ 55 ☐
Total: ....
: 6 = ...

Apartado F: 56 ☐ 57 ☐ 58 ☐ 59 ☐ 60 ☐ 61 ☐
Total: ....
: 6 = ...

Resumen de las estrategias mencionadas

Apartado	Estrategias mencionadas	Su media persona
A	Recordar de manera más efectiva (agrupar, hacer asociaciones, contextualizar las palabras nuevas, utilizar imágenes, hacer repasos, etc.)	☐
B	Utilizar procesos mentales (repetir, utilizar lo que es familiar de manera nueva, tomar notas, hacer resúmenes, hacer deducciones y comparaciones, etc.)	☐
C	Compensar fallos en los conocimientos (utilizar todos los elementos que puedan ayudar a comprender lo que lee y oye, buscar una comprensión global y no de cada palabra en particular, utilizar sinónimos o gestos para hacerse comprender, etc.)	☐
D	Organizar y evaluar el aprendizaje (fijar objetivos, identificar sus necesidades de aprendizaje, repasar lo aprendido, practicar la lengua dentro y fuera de la clase, evaluar los progresos, etc.)	☐
E	Controlar sus emociones (dominar su ansiedad, darse ánimos, anotar lo que siente al estudiar, discutir su estado de ánimo con otras personas, etc.)	☐
F	Aprender con los compañeros (pedir que le corrijan, reconocer las necesidades y las emociones de los demás, cooperar con el grupo, etc.)	☐

Clave de valoración de las estrategias utilizadas

Uso frecuente	Uso moderado	Uso muy limitado
4,5 a 5,0 (Lo hago siempre/casi siempre.) 3,5 a 4,4 (Lo hago a menudo.)	2,5 a 3,4 (Lo hago a veces.)	1,5 a 2,4 (Generalmente no lo hago.) 1,0 a 1,4 (No lo hago casi nunca/nunca.)

Completar esta encuesta le ha permitido descubrir de qué estrategias se sirve al aprender español. Recuerde que todas las estrategias indicadas son buenas, que unas no son mejores que otras; simplemente no las empleamos todas, ni en la misma proporción, pues cada uno tiene su manera personal de aprender.
Tenga presente también que una buena utilización de las estrategias de aprendizaje depende de varios factores: edad, personalidad, nivel de conocimientos alcanzados, objetivos y necesidades de aprendizaje, experiencias anteriores, etc. Sin embargo, en la lista hay seguramente estrategias que usted no ha utilizado hasta ahora y que le pueden ser de mucha utilidad.

(Adaptado de R.L. Oxford, *Strategy Inventory for Language Learning*, 1989.)

Glosario de términos

- A -

ctividades de comprensión oral y escrita

iferentes tipos de actividades realizadas en el aula con el bjetivo general de desarrollar la capacidad de los alumnos ara comprender mensajes orales y escritos, mediante la onsecución de objetivos más particulares, es decir, aspecos parciales de la actividad de CO y de CE: observación y nálisis de las estrategias adoptadas, discriminación auditia, reconocimiento de estructuras gramaticales, comprenión global, comprensión de detalles particulares del texto, omprensión global de un texto escrito, etc.

ctividades de expresión oral y escrita

onjunto de actividades realizadas con el fin de encamiar al alumno a expresarse oralmente y por escrito.

dquisición

n términos generales, es la capacidad de aprehender las eglas y fórmulas de la lengua que se aprende, y de utilizarlas en la comunicación. Krashen (1981) utiliza este oncepto de manera específica, oponiéndolo a aprendiaje: para él, la adquisición es el resultado del uso natual de la lengua (adquisición de la lengua materna, por jemplo), mientras que el aprendizaje es el desarrollo onsciente del conocimiento de la lengua que resulta de n programa de estudio.

nálisis de necesidades

onjunto de procedimientos que permiten obtener infornación sobre las necesidades de aprendizaje de un dererminado grupo de alumnos, o bien sobre sus expecta-

tivas y preferencias con respecto al programa previsto. El análisis de necesidades permite también obtener datos sobre el propio programa y revisar y evaluar un programa ya existente.

aptitud

Capacidad que posee el individuo de realizar una determinada tarea o un determinado programa de aprendizaje si está suficientemente motivado y tiene la posibilidad de hacerlo. Esta capacidad depende de las características individuales.

autoevaluación

Procedimiento de control del propio aprendizaje: evaluación de los progresos hechos en la adquisición de la lengua, de las técnicas utilizadas, de las actividades que más convienen al estilo personal de aprendizaje y a las propias necesidades. La autoevaluación permite al alumno volver a planificar determinados aspectos de su aprendizaje e introducir los cambios que le parezcan necesarios para mejorarlo.

autonomía

Voluntad y capacidad de tomar decisiones y de asumir la responsabilidad del propio aprendizaje. Esto implica, por parte del alumno, el desarrollo y la aplicación de estrategias y técnicas que permitan un estudio autónomo: identificar las propias necesidades, definir sus objetivos, seleccionar los materiales adecuados, planificar el tiempo necesario para el aprendizaje, evaluar los resultados obtenidos, etc.

- B -

rain storming

l "torbellino de ideas", traducción española de *brain storming*, es un trabajo en grupo destinado a recoger el

mayor número posible de ideas, que serán luego utilizadas para solucionar un problema, preparar una actividad, etc.

- C -

ompetencia lingüística

onocimiento de una lengua y de sus reglas, que permie a una persona producir y entender un número indeerminado de frases (incluso frases que nunca había oído antes), de darse cuenta de errores gramaticales y de econocer una determinada frase como perteneciente o no a una lengua dada. Para un hispanohablante será corecta la frase: *quiero comprar un libro*, pero no *quiero comprando un libro*, aunque todas las palabras pertenezcan a la lengua española.

conocimiento previo/experiencias anteriores

Conocimiento personal del mundo y de la realidad utilizado por el oyente o el lector para interpretar el mensaje recibido.

contexto

La noción de contexto se refiere a dos aspectos del mensaje. El primero es externo, extra-lingüístico: quiénes son los participantes del mensaje, quién dice algo, en qué si-

Glosario de términos

tuación lo dice, etc. El segundo es interno, lingüístico: los elementos que aparecen antes y/o después de una expresión que constituye el centro de nuestra atención al escuchar o al leer algo. Un ejemplo: usted escucha o lee la frase: *había un xxx sobre la mesa*, y usted desconoce la palabra *xxx*; como máximo puede saber ya que se trata de un objeto lo suficientemente pequeño como para poder estar colocado sobre la mesa, pero nada más. Si la frase siguiente dice: *Juan lo cogió y se lo comió*, entonces podríamos aproximarnos más a comprender lo que *xxx* significa. Si el texto continúa describiendo el sabor que

tenía el objeto en cuestión, iremos delimitando más aú de qué se trata. La combinación de los dos elementos de contexto -el externo y el interno- nos ayuda a compren der el mensaje.

currículo

Conjunto de principios, decisiones y actuaciones relacio nados con la planificación, el desarrollo y la evaluació de un proyecto de enseñanza: selección de los conteni dos, gradación, distribución, elección de los procedi mientos metodológicos adecuados, etc.

- D -

destreza

Por destrezas lingüísticas se entienden los diferentes modos de utilización de la lengua, es decir, comprenderla (comprensión oral), hablarla (expresión oral), leerla (comprensión escrita) y escribirla (expresión escrita). Tradicionalmente, las destrezas fueron consideradas activas o productivas (EO y EE) y pasivas o receptivas (CO y CE). Sin embargo, esta diferenciación ya no se hace, pues hoy día sabemos que el oyente o el lector son elementos activos del proceso de comprensión, ya que efectúan una serie de procesos mentales y aplican estrategias

y técnicas que les permiten comprender e interpretar e mensaje.

discurso

En términos generales, el discurso es la lengua en acción la que utilizan los hablantes en sus intercambios habi tuales; en términos lingüísticos, es una unidad lingüístic, y comunicativa, escrita u oral, de enunciados relaciona dos entre ellos formando un conjunto coherente. En es ta acepción, puede ser considerado sinónimo de texto.

- E -

elementos lingüísticos, paralingüísticos, extralingüísticos

Estas expresiones designan los varios componentes del discurso oral. Los elementos lingüísticos se refieren a la lengua: léxico, gramática, pronunciación. Los paralingüísticos y extralingüísticos no son parte integrante de la lengua, pero, sin embargo, están siempre presentes en un discurso oral: ritmo del que habla, entonación, pausas, repeticiones, omisiones, vacilaciones, gestos, expresión facial, mirada, etc.

enfoque

Teorías sobre la naturaleza y el aprendizaje de la lengua que determinan los principios metodológicos y las prácticas de enseñanza. En términos más generales, el enfoque es un modo particular de entender la enseñanza y el aprendizaje: si hablamos de enfoque comunicativo, nos referimos a una concepción de la enseñanza que tiene como objetivo fundamental la comunicación.

enfoque comunicativo

Conjunto de ideas y principios que considera el aprendizaje y la enseñanza de una lengua según las siguientes características fundamentales: desarrollo de la competencia comunicativa, enseñanza centrada en el alumno, consideración de las necesidades e intereses de los alumnos con respecto al aprendizaje, negociación de contenidos y actividades, promoción de la autonomía, potenciación de las

capacidades de los alumnos, consideración de la dimen sión sociocultural de la lengua.

enseñanza por tareas

Ideas y principios según los cuales la enseñanza y e aprendizaje de la lengua pueden realizarse mediante e procedimiento metodológico de las tareas, es decir, la rea lización, por parte del alumno, de actividades relacionadas entre sí con un objetivo común, por lo general de carác ter comunicativo.

estilo de aprendizaje

Manera particular e individual de aprender, determinada por una serie de factores como la edad, la motivación, la experiencia previa de aprendizaje de otra(s) lengua(s) extranjera(s), las preferencias y necesidades de cada uno algunas personas aprenden mejor escuchando y hablando, otras necesitan ver la lengua escrita, otras recuerdan mejor si pueden hacer asociaciones con ilustraciones, etc.

estrategias de aprendizaje

Procedimientos y técnicas utilizados por el alumno para mejorar su proceso de aprendizaje y hacerlo más eficaz; en el caso de la comprensión oral, por ejemplo, son los procedimientos aplicados por el oyente para facilitar la comprensión de un mensaje oral. Las estrategias que pueden utilizarse son de diferentes tipos: so-

...ales y culturales (tomar en consideración la situación ...n la que se desarrolla el mensaje, la relación entre los ...terlocutores, los elementos paralingüísticos del men... ...je); de objetivo (plan de lo que se quiere hacer, meta ...ue se quiere alcanzar, qué tipo de respuesta habrá que ...ar, etc.); lingüísticas (qué palabras son importantes ...ara la comprensión, cuáles no lo son, qué se puede ...mprender partiendo del contexto, etc.); de contenido ...onocimiento del contenido, relación de lo que se es...

cucha con lo que ya se sabe, posibilidad de predecir algo, etc.).

estrategias de comunicación

Conjunto de procedimientos y técnicas utilizados por el hablante para desenvolverse en situaciones de comunicación cuando no dispone de los recursos adecuados. Por ejemplo, describir o decir para qué sirve un objeto cuyo nombre desconoce.

- F -

...ed-back

...etroalimentación, efecto de retorno de una acción o de ...n mensaje a la fuente que los produjo. En un proceso ...municativo, el feed-back puede ser verbal (ah,ah..., ...hhhhhh!) o no-verbal (un gesto, un movimiento de los ...jos). El feed-back permite modificar el mensaje o la ac...ón siguiente en función de los objetivos perseguidos.

...nética

...iencia que se ocupa de los sonidos que constituyen la ...ngua, sin considerar su función lingüística, es decir su ...tilización en la comunicación. La fonética estudia el

sonido desde varios puntos de vista: su producción a nivel fisiológico (fonética articulatoria), cómo se oye (fonética auditiva), sus características físicas (fonética acústica).

función (exponente funcional)

La función corresponde a lo que se hace con la lengua, para qué la utilizamos: presentarse, expresar un deseo, invitar, pedir ayuda, saludar, preguntar por la existencia de un lugar, etc. Al aprender una segunda lengua, no se aprenden funciones (el alumno ya las conoce de su lengua materna) sino exponentes funcionales, es decir las fórmulas para expresarse en la nueva lengua.

- I -

...terlengua

...l término indica los diversos estadios provisionales por ...os que pasa la persona que está aprendiendo una len... ...ua: en estos estadios, el conocimiento de la lengua se

caracteriza por una mezcla de conocimientos efectivos sobre la lengua, y unas hipótesis (constantemente revisadas) sobre su funcionamiento.

- N -

...egociación

...elaciones que se establecen a lo largo del proceso de ...nseñanza/aprendizaje entre las intenciones del currícu... ...o y del profesor, y las necesidades e intereses persona... ...es de los alumnos. La negociación puede darse en di... ...ersos planos: los contenidos, las actividades realizadas, ...a manera de realizarlas, etc.

nivel umbral

Nivel de dominio de la lengua que permite desenvolverse en situaciones corrientes de comunicación.

noción

Concepto expresado a través del lenguaje, como por ejemplo el tiempo, el espacio, la frecuencia, la causa, etc.

- P -

...reaudición

...ctividad(es) realizada(s) antes de escuchar un texto, pa... ...a actualizar los conocimientos previos de que dispongan ...os alumnos sobre el tema, la situación, los aspectos lin... ...üísticos, etc., con el objetivo de incorporar elementos ...tiles para la comprensión del mensaje.

primera lengua (lengua 1)/segunda lengua (lengua 2)

La primera lengua (lengua materna) es la que cada niño aprende siguiendo un proceso natural que lo lleva a comprender y hablar sin que nadie le haya enseñado explícitamente cómo funciona esa lengua. El término segunda lengua se refiere a la(s) lengua(s) adicional(es) que una persona aprende, sea mediante un proceso de aprendizaje programado, sea mediante la inmersión espontánea en la misma. La segunda lengua puede ser una de las habladas en una comunidad bilingüe (como el catalán o el gallego en España) o la lengua nacional de otro país (inglés, francés, etc.).

post-audición

Actividad(es) que puede(n) ser realizada(s) a partir de una tarea de CO, para desarrollar otras destrezas o competencias: expresión oral, expresión escrita, comprensión escrita, deducción de reglas gramaticales, prácticas de contenidos gramaticales y funcionales, selección de ve cabulario y estructuras en función de los intereses y ne cesidades personales, reflexión sobre estrategias, etc.

proceso consciente/inconsciente (de aprendizaje)

Manera de elaborar la información recibida para apren derla. El proceso consciente implica la utilización de té nicas elegidas por el alumno (traducción de palabras expresiones, contextualización, resúmenes, etc.). De ma nera inconsciente, el alumno aplica determinadas estra tegias, como la generalización, la deducción, la transfe rencia, etc.

- S -

situación

Conjunto de factores extralingüísticos de los que va a depender la naturaleza de un acto lingüístico: por ejemplo, edad de los interlocutores, lugar donde se encuentra relación que hay entre ellos, etc.

- T -

tarea

Procedimiento metodológico que consiste en la realización por parte del alumno de una serie de actividades relacionadas entre sí y que tienen un objetivo final común.

texto auténtico

Cualquier texto, oral o escrito, al que puede estar expuesto un nativo en su vida real: conversaciones telefónicas, anuncios (en la radio, en el aeropuerto, en la estación, en un supermercado, en una tienda), canciones, noticias en la radio y en la televisión o en los periódicos, artículos de revistas, cartas, recados, etc.
Se consideran auténticos también los textos orales no grabados directamente en situación real, pero que refle-jan los rasgos y propiedades típicos del lenguaje oral (e: presiones coloquiales, redundancias, vacilaciones, om siones, etc.). Otra categoría de textos (orales o escrito comprende los preparados o manipulados, es decir, he chos en función de un objetivo lingüístico, como practi car una estructura gramatical, una función, un cierto tip de vocabulario, etc.

transferencia

Es el proceso de utilización de la lengua materna en aprendizaje de la segunda lengua. Se llama tambié transferencia a la capacidad del alumno de aplicar en s tuaciones comunicativas reales las habilidades que h desarrollado en clase.

- V -

vocabulario activo/pasivo

Por vocabulario activo se entiende el que una persona es capaz de utilizar para hablar o escribir; el pasivo es el que puede ser comprendido al leer o escuchar algo. concepto de activo/pasivo se aplica tanto al vocabulari de la lengua materna como al de la segunda lengua.

Referencias bibliográficas

ᴌWRIGHT, D. Y K.M. BAILEY (1991). *Focus on the Language Classroom*. CUP.

ᴌONSO, E. (1994). *¿Cómo ser profesor/a y querer seguir siéndolo?* Madrid. Edelsa Grupo Didascalia, S. A.

ᴺDERSON, A. Y T. LYNCH (1988). *Listening. Language Teaching: A Scheme for Teacher Education*. Oxford. Oxford University Press.

utonomie et apprentissage des langues étrangères (1979). Estrasburgo. Conseil d'Europe.

ᴄH, G. Y J.P. TIMM (eds.) (1989). *Englischunterricht. Grundlagen und Methoden einer handlungsorientierten Unterrichtspraxis*. Tübingen. Francke.

ᴇREN, M. *Learner contributions to task Design*, en C. CANDLIN Y D. MURPHY (eds.).

ᴌLO, P. *et al.* (1990). *Didáctica de las segundas lenguas. Estrategias y recursos básicos*. Madrid. Santillana.

ᴿNS, M. (1990). *Contexts of Competence. Social and Cultural Considerations in Communicative Language Teaching*. Nueva York. Plenum Press.

ᴺDLEY, G. (1987). *Factors affecting task difficult*, en D. Nunan (ed.). *Guidelines for the Development of Curriculum Resources*. Adelaide. National Curriculum Resources Centre.

ᴿEEN, M.P. *Learner contributions to task design*, en C.N. CANDLIN Y D. MURPHY (eds.). *Lancaster Practical Papers in English Language Education*, vol. 7, *Language learning tasks* (1987), pp. 23-46.

ᴿOOKFIELD, S. (1985). *Self-Directed Learning from Theory to Practice*. San Francisco. Jossey-Bass inc.

ᴺALE, M. (1983). *From communicative competence to communicative language pedagogy*, en RICHARDS Y SCHMIDT (eds.).

ᴺALE, M. Y M. SWAIN (1980). *Theoretical bases of communicative approaches to second language teaching and testing*. Applied Linguistics 1.

ᴺDLIN, C. (ed.) (1981). *Teaching of English: Principles and an Exercise Typology*. Londres. Longman.

ᴺDLIN, C. Y D. MURPHY (eds.) (1987). *Language Learning Tasks*. Englewood Cliffs. Prentice-Hall International.

ᴇMBALO, M. Y H. HOLEC (1973). *Les langues aux adultes: pour une pédagogie de l'autonomie*. Nancy. Mélanges Pédagogiques, C.R.A.P.E.L.

ᴴOMSKY, N. (1957). *Syntactic Structures*. The Hague. Mouton.

–(1965). *Aspects of the Theory of Syntax*. Cambridge, Mass.: MIT Press.

ᴄKINSON, L. (1987). *Self-instruction in Language Learning*. Cambridge. Cambridge University Press.

ᴜBIN, F. Y E. OLSHTAIN (1986). *Course Design. Developing Programs and Materials for Language Learning*. Cambridge. Cambridge University Press.

ᴜDA, R Y P. RILEY (1990). *Learning Styles*. Nancy. Presses Universitaires de Nancy.

ᴇLHOFF, C. Y E. LIEBAU (eds.) (1988). *Ueber die Grenze. Praktisches Lernen im fremdsprachlichen Unterricht*. Weinheim. Beltz.

ᴐGE, J. (1992). *Cooperative Development: professional self-development cooperation with colleges*. Longman.

ᴐGE, J. Y K. RICHARDS (1993). *Teachers Develop Teachers Reasearch*. Heinemann.

ᴌIS, G. Y B. SINCLAIR (1989). *Learning to Learn English. A Course in Learner Training*. Cambridge. Cambridge University Press.

ᴇED, B. (1991). *Foreign Language Acquisition Research and the Classroom*. Lexington. D.C. Heath.

ᴇEMAN, D. Y S. CORNWELL (1993). *New Ways in Teacher Education*. (USA). TEASOL.

eneral Basic Concept: the contents of Eurolingua (1987). Zürich. Coordination Office of the Club Schools.

ᴐBSBAWN, E. (1995). *Historia del siglo XX*. Crítica.

ᴐLEC, H. (1979). *Autonomy and foreign language learning*. Oxford. Pergamon Press.

–(1981). *L'autonomie de l'apprenant et l'apprentissage des langues*. Conseil de l'Europe, pp. 72-81.

–(1988). *Autonomy and Self-Directed Learning. Present Fields of Application*. Estrasburgo. Council of Europe.

–*L'autonomisation de l'apprenant. Une solution possible au problème posé par l'héterogénité des groupes*. Journées romandes de Formation Permanentes, Mai, 1990.

Referencias bibliográficas

HRSG (1978). *Un systéme Européen d'unités capitalisables pour l'apprentissage des langues vivantes par les adultes.* Estrasburgo. Europarat.

HUGHES, A. (1989). *Testing for Language Teachers.* Cambridge. Cambridge University Press.

HYMES, D. (1972). *On communicative competence,* en J.B. PRIDE y J. HOLMES (eds.). *Sociolinguistics.* Harmondsworth. Penguin.

JAMES, C. y P. GARRET (1991). *Language Awareness in the Classroom.* Londres. Longman.

KEITH, J.R. (1989). *The second Language Curriculum.* Cambridge. Cambridge University Press.

KRAMSCH, C. (1991). *The order of discourse in Language teaching,* en B. Freed (ed.).

LADO, R. y E. BLANSITT (1967). *Manual for Instructors and Teaching Assistans to Accompany Contemporary Spanish.* Nueva York. McGraw-Hill.

LEGUTKE, M. *Szenarien für einen hanslungsorientierten Fremdsprachenunterricht,* en G. Bach y J.P. Timm (eds.).

LEWIS, M. (1991). *The practice of English Language Teaching.* Longman.

– –(1993). *The Lexical Approach: the stat of ELT and a way forward.* LTP.

LEWIS, M. y J. HILL (1985). *Partical Techniques for Language Teaching.* LTP.

LITTLE, D. (1992). *Learner Autonomy. Definitions, Issues and Problems.* Deblin. Authentik Language Learning Resources.

LITTLEWOOD, W. (1988). *Communicative Language Teaching. An Introduction.* Cambridge. Cambridge University Press.

LONG, M.H. y G. CROOKES (1992). *Three approaches to Task-Based Syllabus Design,* en *Tesol Quarterly,* vol. 26, nº (Spring), pp. 27-47.

MALAMAH THOMAS, A. (1987). *Classroom Interaction. Language teaching.* Oxford. Oxford University Press.

McCARTHY, M.J. (1990). *Vocabulary.* Oxford. Oxford University Press.

McCARTHY, M.J. (1991). *Discourse Analysis for Language Teachers.* Cambridge. Cambridge University Press.

McCARTHY, M. y R. CARTER (1994). *Language as Discourse. Perspectives for Language Teaching.* Londres. Longman.

Mélanges Pédagogiques (1993). Nancy. CRAPEL.

Muñoz Liceras, J. (ed.) (1991). *La adquisición de las lenguas extranjeras.* Madrid. Visor.

NOBUYOSHI, J. y R. ELLIS (1993). *Focused Communication Tasks and Second Language Acquisition.* ELTJ, vol. 47/3, OUP.

NUNAN, D. (1988). *Designing Tasks for the Communicative Classroom.* Cambridge. Cambridge University Press.

– –(1988). *The Learner-Centred Curriculum.* Cambridge University Press.

– –(1989). *Designing Tasks for the Communicative Classroom.* CUP.

– –(1991). *Language Teaching Methodology: a Textbook for Teachers.* Prentice Hall International.

– –(1992). *Research Methods in Language Learning.* Cambridge. Cambridge Universty Press.

O'MALLEY, J.M. y A. UHL (1990). *Learning Strategies in Second Language Acquisition.* Cambridge. Cambridge University Press.

ODLIN, T. (1989). *Language Transfer. Cross-Linguistic influence in Language learning.* Cambridge. Cambridge University Press.

OXFORD, R.L. (1989). *Language Learning Strategies. What every teacher should know.* Nueva York. Newbury House.

– –(1990). *Language Learning Strategies.* Nueva York. Newbury House Publishers.

Projet Nr. 12. Apprentissage et enseignement des langues vivantes aux fins de communication. Rapport final du groupe de projet (1988). Conseil de l'Europe.

REA-DICKINS, P. y GERMAINE K. (1992). *Evaluation.* Oxford. Oxford University Press.

RICHARDS, J. y T. RODGERS (1986). *Approaches and Methods in Language Teaching.* Oxford. Oxford University Press.

RICHARDS, J.C. y R.N. SCHMIDT (eds.) (1983). *Language and Communication.* Londres. Longman

RICHARDS, J.C., J. PLATT y H. PLATT (1992). *Dictionary of Teaching & Applied Linguistics.* Longman (nueva edición).

Referencias bibliográficas

ánchez Pérez, A. (1992). *Historia de la enseñanza del español como lengua extranjera*. Madrid. SGEL.

cott, M. y T. Johns (1993). *Micro Concord Manual*. Londres. Longman.

elinker, L. (1972). *Interlanguage*, en Muñoz Liceras, J. (ed.).

lagter, P. (1979). *Un nivel umbral*. Estrasburgo. Publicaciones del Consejo de Europa.

pillner, B. (1990). *Interkulturelle Kommunikation. Angewandte Linguistik BD 21*. Frankfurt. Peter Lang.

pratt, M. (1994). *English for the Teacher: a language development course*. CUP.

tern, H.H. (1992). *Issues and options in Language teaching*. Oxford. Oxford University Press.

homas, H. (1992). *Learning how talk to each other: Communication beyond language in task-based programmes*. ELT News. British Council Portugal.

–*Making it happen: teacher roles in task-based language learning and the shape of a communicative curriculum*. ELT News. British Council Portugal.

an Ek, P. (1986). *Objectives for Foreign Language Learning*. Estrasburgo. Publicaciones del Consejo de Europa.

Wajnryb, R. (1992). *Classroom Observation Tasks: a resource book for language teachers and trainers*. CUP.

Wallace, M. (1992). *Training Foreign Language Teachers. A Reflective Approach*. CUP.

White, R. V. (1988). *The ELT curriculum. Design, innovation and management*. Oxford. Basil Blackwell.

Woodward, T. (1992). *Ways of training: recepies for teacher training. Longman*.

Wright, A. (1989). *Pictures for Language Learning*. Cambridge. Cambridge University Press.

Wright, A. y P. Ur. (1992) *Five Minute Activities. A Resource Book of short Activities*. Cambridge. Cambridge University Press.

alden, J. (1987). *Principles of Course Design for Language Teaching*. Cambridge. Cambridge University Press.

ÍNDICE

CONTENIDOS DE *PROFESOR EN ACCIÓN 2:* Gramática, Contenidos socioculturales, Vocabulario, Fonética
CONTENIDOS DE *PROFESOR EN ACCIÓN 3:* Comprensión oral, Comprensión
lectora, Interacción oral, Expresión escrita